MARX POUR DÉBUTANTS

Marx

POUR DÉBUTANTS

par Rius

BORÉAL EXPRESS

TITRE ORIGINAL :

Marx para principiantes

Nous remercions MM. les Éditeurs qui nous ont autorisés à reproduire des extraits de textes de Karl Marx et de Engels, dont ils conservent l'entier copyright.

Éditions Sociales :

p. 84, *Manuscrits de 1844,* présentation et traduction de Émile Bottigelli.
p. 96, lettre de Marx à Engels du 8 septembre 1852.
p. 97, 98, 106, *Travail salarié et capital,* avec introduction de Engels.
p. 109, 113-117, 119-122, *Manifeste du Parti communiste,* traduction de Laura Lafargue.
p. 120, Engels, *Les origines de la famille,* traduction de Jeanne Stern.

Éditions Aubier-Montaigne :

p. 110-112, *Documents constitutifs de la Ligue des Communistes,* traduction de Jacques Grandjonc.

PREFACE...

ESSAYER DE RÉSUMER MARX? NON SEULEMENT UN SACRILÈ-GE MAIS DE PLUS UNE PERTE DE TEMPS, VOUS DIRA-T-ON DANS LES MILIEUX "COMPÉTENTS", PUISQUE, AUSSI BIEN, LE CAMARADE KARL EST PARFAITEMENT INACCESSIBLE AUX ESPRITS SIMPLES.

TRÈS BIEN! J'AI TOUT DE MÊME ÉCRIT CE LIVRE, EN DÉPIT DE CE HANDICAP, CAR IL N'EST PIRE COMBAT QUE CELUI QU'ON NE LIVRE PAS.

LE SECOND MOTIF QUI M'A POUSSÉ À FAIRE UN BRIN DE CONDUITE AU PETIT CHARLIE, C'EST L'ENVIE DE LE COMPRENDRE. PEUT-ÊTRE AI-JE ÉTÉ TROP AMBITIEUX.

MARX, MESDAMES ET MESSIEURS, ÉTAIT UN DUR DE DUR. IL A DOMINÉ LA SCIENCE DE SON TEMPS, ET SON GÉNIE TUDESQUE A PRODUIT PHILOSOPHIES SUR PHILOSOPHIES, SANS JAMAIS SE DEMANDER COMBIEN SERAIENT CAPABLES DE LE COMPRENDRE. RÉSULTAT? TOUTE UNE SÉRIE D'OEUVRES D'UN

7

NIVEAU ET D'UN POIDS IMPRESSIONNANTS, QUI METTENT LE LECTEUR MOYEN À RUDE ÉPREUVE. MARX EST D'UNE DIGESTION DIFFICILE.

VOILÀ POURQUOI JE PROPOSE ICI UN "DIGEST" COMESTIBLE DES IDÉES DE MARX. CONNAISSANT MES LIMITES (CERTIFICAT D'ÉTUDES), MON SEUL ESPOIR EST DE NE PAS AVOIR RENDU LE MALHEUREUX TOUT À FAIT INCONSOMMABLE.

MA TÂCHE N'A ÉTÉ FACILITÉE NI PAR MARX LUI-MÊME, QUI NE S'EST JAMAIS SOUCIÉ DE FOURNIR UN RÉSUMÉ DE SES ŒUVRES, NI - ET ENCORE MOINS - PAR LES OUVRAGES DOCUMENTÉS QUI PRÉTENDENT ÉCLAIRCIR MARX ET SONT GÉNÉRALEMENT PLUS ABSCONS QUE CHARLIE LUI-MÊME.

UN AUTRE PROBLÈME SOULEVÉ PAR LA VULGARISATION DE MARX : TRADUIRE EN LANGAGE COURANT LES TERMES PHILOSOPHIQUES ET ÉCONOMIQUES QU'IL EMPLOIE, CAR IL N'Y EN A PAS 20 OU 30 MAIS BIEN 2 À 300. LES RENDRE COMPRÉHENSIBLES SANS QU'ILS PERDENT LEUR SUBSTANCE EST UN TRAVAIL DE BÉNÉDICTIN ET JE SOUHAITE AU LECTEUR QUI, UNE FOIS MA PROSE AVALÉE, AURA ENCORE LA FORCE DE CARACTÈRE D'AFFRONTER LES ŒUVRES COMPLÈTES DE MARX DE S'EN TIRER MIEUX QUE MOI.

JE TIENS, PAR AILLEURS, À REMERCIER "POUR L'AIDE QU'ILS M'ONT APPORTÉE" LES ILLUSTRES THÉORICIENS MARXISTES QUI, LORSQUE JE LEUR DEMANDAI UN PETIT COUP DE MAIN, M'ONT RÉPONDU COURTOISEMENT QU'IL FALLAIT ÊTRE FOU POUR SE LANCER DANS UNE ENTREPRISE PAREILLE. J'AI APPRÉCIÉ LEUR ESPRIT DE COOPÉRATION ET JE REGRETTE DE NE PAS AVOIR TENU COMPTE DE LEURS

8

PRÉCIEUX CONSEILS AVANT DE ME METTRE EN MÉNAGE AVEC HERR DOKTOR KARL MARX.

SI APRÈS AVOIR LU CET AVERTISSEMENT, VOUS ÊTES ENCORE DISPOSÉS À ALLER DE L'AVANT, VOUS LE FEREZ À VOS RISQUES ET PÉRILS ET JE NE RÉPONDRAI PAS DES DÉGÂTS.

EN DERNIÈRE EXCUSE AU PEU DE POIDS DE CE LIVRE, J'AVANCERAI QUE MON ÉDITEUR, PRESSÉ AUTANT QU'OPINIÂTRE, M'A LAISSÉ TRÈS PEU DE TEMPS POUR L'ÉCRIRE ; SI J'AJOUTE À CELA MA PARFAITE IMPRÉPARATION, JE DOIS BIEN CONSTATER QUE MES TRAVAUX N'ONT PAS PRIS LA TOURNURE SOUHAITÉE. ET LORSQU'ON SAIT QUE MARX, SOUS DES PRESSIONS AUTREMENT CONTRAIGNANTES, A PU ÉCRIRE SES MILLIERS DE PAGES SANS JAMAIS S'EMBROUILLER, CELA LAISSE RÊVEUR ET SUFFIT À DÉMONTRER QUE MARX EST MARX ET RIUS UN PAUVRE TYPE ! HI, HAN !

LONDRES À
L'ÉPOQUE DE
KARL MARX

BEN, PAS PRÉCISÉMENT...

12

KARL MARX ÉTAIT UN
PHILOSOPHE JUDÉO-ALLEMAND
QUI VÉCUT ET LUTTA
DE 1818 À 1883.
ON L'ACCUSE GÉNÉRALEMENT
D'AVOIR INVENTÉ
LE

COMMUNISME

DOUX JÉSUS!
L'ANTÉCHRIST!

SUR LA BASE DE SES ÉCRITS ET DE SES IDÉES, UN TIERS DE L'HUMANITÉ
PRATIQUE LE COMMUNISME, TANDIS QUE LES DEUX AUTRES TIERS
VIVENT EN SE CHAMAILLANT SUR SES IDÉES:

MARXISTE!

SALE FLIC!

OÙ QUE L'ON AILLE, DES MOTS COMME BOLCHEVIK, MARXISTE,
SOCIALISME, LÉNINISME, ROUGE, CASTRISTE, MAOÏSTE, MATÉRIALISTE,
COMMUNISTE.... FONT SUER PAS MAL DE GENS.

LE CAPITAL LA LUTTE
DE CLASSES LA PRAXIS
RÉVOLUTIONNAIRE LE
PROLÉTARIAT...

DE NOS JOURS EN FAIT LE MARXISME DIVISE LE MONDE EN DEUX CAMPS: CEUX QUI LE HAÏSSENT ET CEUX QUI METTENT EN LUI TOUS LEURS ESPOIRS...

JE CITERAI UN TROISIÈME GROUPE: CEUX QUI NE LE CONNAISSENT PAS...

CAR CHARLIE MARX EST COMME LA BIBLE OU LE CORAN: ILS SONT NOMBREUX À LES CITER, BIEN PEU À LES CONNAÎTRE ET ENCORE MOINS À LES COMPRENDRE...

MARX A QUELQUE CHOS À DIRE À TOUT LE MONDE: PAS UN SEUL DES CHANGEMENTS SURVENUS AU COURS DES CENT DERNIÈRES ANNÉES QUI NE SOIT MARQUÉ PAR CHARLIE MARX... ÉCONOMIE, LITTÉRATURE, CONQUÊTE DE L'ESPACE, ARTS, HISTOIRE, RELATIONS HUMAIN VATICAN, SYNDICATS, RÉVOLUTION, MUTATIONS SOCIALES, ÉDUCATION, MÉDECINE, INDUSTRIE, AGRICULTURE, JOURNALISME, MARX A FOURRÉ LE NEZ PARTOUT!!

A QUOI NE S'INTÉRESSAIT-IL PAS CE DIABLE DE BARBU?

COMME CLÉOPÂTRE QUOI!

CONNAISSANCE-ET LA PRATIQUE- DE SES IDÉES ONT PERMIS
E QUI N'AVAIT PAS ÉTÉ POSSIBLE DURANT VINGT SIÈCLES: LIBÉRER
HOMME DE L'EXPLOITATION PAR L'HOMME.

R NOUS
UMER =
OUS VIVONS
UX AUJOURD'HUI
S TOUS LES
S DU MOT
ST BIEN À MARX
E NOUS LE
ONS.

C'EST PAS VRAI
MOI JE LE DOIS
À MON PATRON!

ASSURANCES
SOCIALES, RETRAITES,
CONGÉS PAYÉS,
BOURSES D'ÉTU-
DE, SYNDICATS,
CONQUÊTES
QUI SONT
TOUTES IN-
DIRECTEMENT
L'ŒUVRE
DE
MARX!

TOUTES
LES RÉVOLUTIONS, MÊME
CELLES QUI SE VEULENT
SPONTANÉES ET
SANS PÈRES
PUTATIFS SONT
D'ORIGINE
MARXISTE...

SANS PARLER
DES CONSTITUTIONS
MODERNES....

ON A MÊME
PARLÉ DE CE
⊙@⊛✳ DE MARX
AU CONCILE
DU VATICAN?

ON ACCUSE LES PRÊTRES
OUVRIERS DE MARXISME.
LES GÉNÉRAUX
SUD-AMÉRICAINS PARLENT
DE MARX; ON L'ÉTUDIE DANS
LES COLLÈGES JÉSUITES.
IL EN EST QUI S'ÉCHAPPENT
DE CUBA, PREMIER PAYS
MARXISTE D'AMÉRIQUE LATINE.
ET MALGRÉ TOUT VOUS
TROUVEREZ DES GENS POUR
SOUTENIR QUE MARX
N'INTÉRESSE PERSONNE!!!

ALLEMAGNE DE L'OUEST (R.F.A.)

● BONN

●TRÊVES

C'EST ICI DANS LA VILLE DE TRÊVES QUE NAQUIT MARX LE 5 MAI 1818

ALLEMAGNE DE L'EST (R.D.A.)

SON PÈRE ÉTAIT UN AVOCAT AISÉ CE QUI PERMIT AU JEUNE MARX D'ENTREPRENDRE LES ÉTUDES À LA MODE: LE DROIT.

(LA MODE? C'ÉTAIT CE QUE LE PÈRE DÉCIDAIT...)

QUEL GENRE D'IDÉES PHILO-SOPHIQUES ENSEIGNAIT-ON À L'ÉPOQUE?

UN PEU TOUT. NOUS VERRONS EN DÉTAIL.

EN BREF:
MARX ENTRA
À L'UNIVERSITÉ
DE BONN POUR
ÉTUDIER LE
DROIT MAIS IL
Y MENA JOYEUSE
VIE ET-À CE
QUE RAPPORTENT
SES PROFESSEURS
-PARTAGEA SON
TEMPS ENTRE
LE VIN ET
LES FEMMES,
À TEL POINT
QU'IL SE BATTIT
EN DUEL POUR
LES BEAUX
YEUX D'UNE
DAME ET FUT BLESSÉ
À L'ARCADE SOURCILIÈRE!
ON NE PEUT PAS DIRE
QU'IL TRAVAILLAIT
D'ARRACHE-PIED...

A QUOI PEUT-ON
S'ATTENDRE
À 19 ANS?

DE BONN IL PARTIT POUR BERLIN OÙ IL TERMINA SES ÉTUDES.
IL TENTA, ENSUITE, DE RETOURNER À BONN POUR ENSEIGNER MAIS
SA MAUVAISE RÉPUTATION LUI FERMA TOUTES LES PORTES:
À BERLIN IL ÉTAIT
DEVENU ATHÉE ET
CONTESTATAIRE...

LES DEUX À LA FOIS?

C'EN ÉTAIT TROP!
CETTE SOCIÉTÉ
TOLÉRAIT TOUT
JUSTE LES ARTISTES,
ALORS
IMAGINEZ CE
QU'ELLE
FAISAIT DES
SUBVERSIFS!!!

17

ARRIVÉS À CE POINT, IL EST NÉCESSAIRE D'ÉCLAIRCIR UN DÉTAIL DE LA VIE DE MARX: MALGRÉ SES ORIGINES JUIVES, IL NE SE SENTAIT PAS JUIF ET NE PRATIQUAIT PAS LA RELIGION HÉBRAÏQUE. SON PÈRE S'ÉTAIT CONVERTI AU LUTHÉRIANISME ET MARX, DANS SA JEUNESSE, ÉTAIT LUTHÉRIEN.

C'EST BIEN VRAI QUE LES JEUNES D'AUJOURD'HUI NE CROIENT PLUS À RIEN

LA FAUTE AUX IDÉOLOGIES, MONSIEUR, AUX IDÉOLOGIES...!

L'UNIVERSITÉ DE BERLIN ÉTAIT LE CREUSET DES IDÉES NOUVELLES: UNE FOIS JETÉES À BAS LES EXPLICATIONS RELIGIEUSES DE L'UNIVERS ET DE L'HOMME, LES PENSEURS CHERCHAIENT UNE RÉPONSE PHILOSOPHIQUE AUX ÉTERNELLES QUESTIONS QUE SE POSE L'HUMANITÉ :

TOUJOURS LES MÊMES QUESTIONS

QUI EST DIEU?

QU'EST-CE QUE L'HOMME?

POURQUOI VIVONS-NOUS?

QU'EST-CE QUE LA VIE?

LA VIE EST-ELLE UN RÉBUS?

QUE FAIRE ?

LE JEUNE MARX NE SE DEMANDAIT PAS : "QUE FAIRE ?" DANS LE SENS DE : "COMMENT GAGNER MA VIE ?" MAIS : "QUEL SENS DOIT AVOIR MA VIE ET À QUOI DOIT-ELLE SERVIR ....?"

POUR TROUVER LA RÉPONSE, MARX DÉCIDE D'ÉTUDIER LA PHILOSOPHIE...

MAMAN IL EST FOU !

SON PÈRE, PRÉOCCUPÉ DE L'AVENIR DE SON FILS, EST INDIGNÉ....

UN CERTAIN FRÉDÉRIC HEGEL SEMBLE AVOIR LA RÉPONSE AUX FAMEUSES QUESTIONS ET TOUS LES PHILOSOPHES ALLEMANDS GRAVITENT AUTOUR DE LUI, CERTAINS POUR LE CONTREDIRE, D'AUTRES POUR LE SOUTENIR....MARX COMMENCE À ÉTUDIER LES IDÉES DE HEGEL ; DOMMAGE ! LE PHILOSOPHE ÉTAIT DÉJÀ MORT....

1770-1831

SUCCESSEUR DE KANT, QUI NIAIT L'EXISTENCE DE DIEU, FAUTE DE SYS-
TÈME PERMETTANT DE LA DÉMONTRER, HEGEL, AU CONTRAIRE, LUI CHER-
CHE UNE JUSTIFICATION PHILOSOPHIQUE. (A LA FIN DU LIVRE, LE LECTEUR
TROUVERA UN LEXIQUE DES TERMES PHILOSOPHIQUES POUR LE CAS OÙ
LUI VIENDRAIENT DES DOUTES SUR CE QUE NOUS DISONS.)

KANT SÉPARE LA SCIENCE DE LA RELIGION...

HEGEL VEUT FAIRE DE LA RELIGION UN TYPE DE SCIENCE...

POUR ÊTRE PLUS PRÉCIS, HEGEL VEUT DÉMONTRER PHILOSOPHIQUE-MENT L'EXISTENCE DE DIEU, MAIS PAS CELLE DE LA RELIGION... IL JUSTIFIE LA FOI EN UN DIEU ÉQUITABLE, MAIS NE TROUVE PAS DE RAISON D'ÊTRE À L'APPAREIL RELIGIEUX... AUSSI TOUTES LES ÉGLISES PROTESTENT ET LE CONDAMNENT.

QUELLE EST LA JUSTIFICATION PHILOSOPHIQUE DE L'EXISTENCE DE DIEU D'APRÈS HEGEL?

POUR HEGEL, LA CONSCIENCE QUE DIEU A DE LUI-MÊME N'EST RIEN D'AUTRE QUE LA CONSCIENCE QUE L'HOMME A DE DIEU, OU ENCORE DIEU PREND CONSCIENCE DE SA PROPRE EXISTENCE À TRAVERS L'HOMME....

TU COMPRENDS, MON GROS? OU JE M'EXPLIQUE?

BON !
LE POÈTE HEINE,
DISCIPLE
DE HEGEL,
DONNE UNE
EXPLICATION
PLUS
SIMPLE:

GRÂCE À HEGEL, J'AI
APPRIS QUE LE BON DIEU
N'HABITE PAS AU CIEL,
COMME LE CROYAIT MA GRAND-
MÈRE, ET QUE JE PEUX, ICI-BAS,
ÊTRE MOI-MÊME
DIEU....

OU ENCORE:
DIEU NE CRÉA PAS
L'HOMME,
C'EST L'HOMME
QUI
CRÉA DIEU....

HEGEL NE CROYAIT PAS NON PLUS À L'IMMORTALITÉ DE L'ÂME, MAIS
PERSÉCUTÉ PAR L'ÉTAT ET L'ÉGLISE (UNIS À CETTE ÉPOQUE), IL DUT
FAIRE DES CONCESSIONS ET NE PERMIT PAS QUE SES IDÉES SOIENT
DIFFUSÉES DANS LE PEUPLE. "MES IDÉES NE SONT RIEN D'AUTRE QUE
DE LA PHILOSOPHIE, DISAIT-IL, ET LES GENS DOIVENT CONTINUER À
CROIRE ET À PRATIQUER LEUR RELIGION...."

N'OUBLIONS PAS
QUE C'ÉTAIT UN
FONCTIONNAIRE
DISTINGUÉ DE
L'ÉTAT PRUSSIEN....

MAIS C'EST PAR SA PHILOSOPHIE DE L'HISTOIRE QUE HEGEL RETINT
L'ATTENTION DE MARX. D'APRÈS LUI, L'HUMANITÉ AVANCE ET
PROGRESSE UNIQUEMENT GRÂCE AUX CONFLITS, AUX GUERRES, AUX
RÉVOLUTIONS, À LA LUTTE ENTRE OPPRESSEURS ET OPPRIMÉS. LA
PAIX ET L'HARMONIE, DISAIT-IL, NE FONT PAS PROGRESSER....

21

HEGEL PARLAIT SEULEMENT DE LUTTE RELIGIEUSE, JAMAIS DE LUTTE SOCIALE. IL NE CONCEVAIT PAS LA LUTTE ENTRE OUVRIERS ET PATRONS, ENTRE PEUPLES OPPRIMÉS ET GOUVERNEMENTS OPPRESSEURS MAIS UNE LUTTE PUREMENT SPIRITUELLE, UNE LUTTE D'IDÉES...

A LA MORT DE HEGEL, SES DISCIPLES SE DIVISÈRENT EN "HÉGÉLIENS DE DROITE" ET "HÉGÉLIENS DE GAUCHE",... CES DERNIERS DÉFENDAIENT LES IDÉES LES PLUS AVANCÉES DU MAÎTRE, CEUX DE DROITE LE HEGEL SPIRITUALISTE ET CONSERVATEUR,...

C'EST À PARTIR DE CE MOMENT-LÀ (1830) QUE L'ON UTILISA LE TERME "GAUCHE" ET "DROITE"...

DE LA GAUCHE HÉGÉLIENNE UN HOMME SE DÉTACHE, LUDWIG FEUERBACH. IL VEUT METTRE CONCRÈTEMENT EN PRATIQUE LA THÉORIE DE HEGEL ET NIE LE PRINCIPE "SACRÉ" DE L'AUTORITÉ DE LA MONARCHIE. MARX EST AVEC LUI...

ON DIRAIT BIEN QUE FEUERBACH EST FAIT DU MÊME BOIS QUE MOI,...

LE DISCIPLE DÉPASSE RAPIDEMENT LE MAÎTRE: MARX EST PLUS RADICAL, PLUS LUCIDE ET PLUS PRATIQUE QUE LES HÉGÉLIENS DE GAUCHE. MARX ÉTAIT UN HOMME D'ACTION, PAS DE BLA, BLA,... BLA,...

LES HÉGÉLIENS SE PERDAIENT DANS DES DISCUSSIONS THÉOLOGIQUES ET PHILOSOPHIQUES. LEURS RÉUNIONS SE SOLDAIENT IMMANQUABLEMENT PAR BEAUCOUP DE BRUIT POUR RIEN.... POUR ÉCHAPPER À LA NÉVROSE, MARX ACCEPTA UNE PLACE DE JOURNALISTE À LA "GAZETTE RHÉNANE"....

C'ÉTAIT EN 1842

PHILOSOPHE ET JOURNALISTE HONNÊTE? PAS POSSIBLE IL VEUT MOURIR DE FAIM...?

MARX EUT UNE TELLE INFLUENCE SUR LE COMITÉ DE RÉDACTION QU'IL FUT NOMMÉ RÉDACTEUR EN CHEF. SOUS SA DIRECTION, LE JOURNAL ACQUIT DU PRESTIGE, TANT ET SI BIEN QUE LE GOUVERNEMENT DÉCIDA DE LE SUSPENDRE.....

LA LIBERTÉ, JE VEUX BIEN, À CONDITION QU'ELLE NE SERVE PAS À ME TRAITER D'ESCROC (MÊME SI J'EN SUIS UN...)

AVEC MARX NAISSAIT LE JOURNALISME POLITIQUE: L'UTILISATION DE LA PRESSE POUR RÉPANDRE DES IDÉES, CRITIQUER LE MAUVAIS GOUVERNEMENT ET EXPOSER À L'OPINION PUBLIQUE LA MISÉRABLE CONDITION DU PEUPLE....

...À METTRE EN PRATIQUE LES IDÉES QUE LES PHILOSOPHES DE CAFÉ CONTINUAIENT À DISCUTER SANS ARRIVER À RIEN, IL INVENTA LE REPORTAGE AVEC SA SÉRIE D'ARTICLES SUR LES PAYSANS DE MOSELLE ....

23

MAIS CHARLIE MARX
AVAIT AUSSI
UN
COEUR ET
À L'ÂGE TENDRE
DE
18 ANS,
IL COURTISAIT
UNE BELLE - ET
RICHE-ALLEMANDE,
JENNI
VON WESTPHALEN,
CE QUI
PRÉOCCUPAIT
SÉRIEUSEMENT
L'ARISTOCRATIQUE
PÈRE DE
CE TENDRON.....

MARX N'AVAIT NI FORTUNE NI TRAVAIL, COMMENT AURAIT-IL
SUBVENU AUX BESOINS DE LA CHARMANTE JENNI ? UN ÉMIGRÉ
ALLEMAND LUI AYANT PROPOSÉ UNE PLACE DE RÉDACTEUR DANS
UN JOURNAL DE PARIS, IL SE DÉCIDA ET ÉPOUSA SA BELLE
LE 19 JUIN 1843 .....

ON VA BIEN VOIR SI
QUAND IL Y EN A POUR
UN, IL Y EN A
VRAIMENT POUR
DEUX .....

A PARIS, MARX COLLABORA À TOUS LES NUMÉROS QUE PUBLIA LA REVUE "LES ANNALES FRANCO-ALLEMANDES"....

IL N'Y EN EUT QU'UN....

MAIS LA REVUE DESTINÉE À LA DIFFUSION CLANDESTINE EN ALLEMAGNE LUI CRÉA PAS MAL DE PROBLÈMES.... D'AUTANT PLUS QU'IL EUT DES DIFFÉRENDS AVEC RUGE, LE DIRECTEUR, QUI LE TRAITAIT DE "VRAIE TÊTE DE MULE".....

A PARIS, MARX, EN CONTACT DIRECT AVEC LES PENSEURS FRANÇAIS (BLANC-PROUDHON-LEROUX) ET AVEC LES ANARCHISTES RUSSES, KROPOTKINE ET BAKOUNINE, ÉTAIT DEVENU ENCORE PLUS EXTRÉMISTE, IL S'ÉTAIT MIS EN OUTRE À ÉTUDIER LES DERNIÈRES THÉORIES ÉCONOMIQUES DES ANGLAIS : ADAM SMITH ET DAVID RICARDO.

PROUDHON PHILOSOPHE FRANCAIS

MÊME UN ALLEMAND DEVIENDRAIT FOU À LIRE TOUT ÇA !

MAIS CE QUI TRANSFORMA LE
PLUS MARX, CE FUT SON
AMITIÉ AVEC
FRÉDÉRIC ENGELS, ALLEMAND
COMME LUI.
ILS SE RENCONTRÈRENT AUX
"ANNALES" EN 1844....

QUI EST ENGELS ?

ENGELS-DE TROIS ANS LE CADET DE MARX- EST LE FILS D'UN RICHE
FABRICANT DE TISSU QUI L'AVAIT ENVOYÉ EN ANGLETERRE POUR
DIRIGER UNE DE SES SUCCURSALES. ENGELS EST SENSIBLE, INQUIET
ET LE CONTACT AVEC LA MISÉRABLE CONDITION OUVRIÈRE LE FAIT
VIOLEMMENT RÉAGIR....

DE NOMBREUX ARTISTES DE L'ÉPOQUE NOUS ONT LAISSÉ UN TÉMOIGNAGE DE L'EFFROYABLE MISÈRE DANS LA-QUELLE VIVAIENT LES OUVRIERS ANGLAIS....

EN RAISON DE LEUR PETITE TAILLE (ET AUSSI DU MAIGRE SALAIRE QU'ILS RECEVAIENT) DE TOUT JEUNES ENFANTS ÉTAIENT EMPLOYÉS, OU PLUTÔT EXPLOITÉS, DANS LES MINES ET DANS LES USINES PAR DES PATRONS INHUMAINS....

AH, LES CANAILLES!!

27

D'ANGLETERRE, ENGELS ENVOYA UN ARTICLE AUX "ANNALES" SUR LA SITUATION DE LA CLASSE OUVRIÈRE. MARX FUT TRÈS IMPRESSIONNÉ PAR SA LECTURE ET À L'OCCASION D'UN VOYAGE D'ENGELS À PARIS, LES DEUX HOMMES SE LIENT D'AMITIÉ ET DÉCIDÈRENT DE TRAVAILLE ENSEMBLE...

UNE RENCONTRE HISTORIQUE...!!

LE GOUVERNEMENT ALLEMAND QUI VOIT D'UN TRÈS MAUVAIS OEIL L'ACTIVITÉ RÉVOLUTIONNAIRE DE MARX FAIT PRESSION SUR LA FRANCE POUR QU'ELLE L'EXPULSE.... MARX PART À BRUXELLES; DE NOUVEAU EXPULSÉ, IL RETOURNE DANS SA PATRIE. IL EN EST CHASSÉ ET SE REND EN ANGLETERRE

(1849).

AGE ? 30 ANS. SITUATION FINANCIÈRE ? DÉSESPÉRÉE. TRAVAIL? RIEN DE RENTABLE....

MARX RENONCE À LA NATIONALITÉ PRUSSIENNE ET DEVIENT APATRIDE, UN "CITOYEN DU MONDE"...

28

AVANT DE SE RÉFUGIER
EN ANGLETERRE,
MARX ET ENGELS
FAISAIENT
PARTIE D'UNE SOCIÉTÉ
SECRÈTE, APPELÉE
"LIGUE DES
COMMUNISTES"
QUI LES CHARGEA
DE RÉDIGER
LE FAMEUX

SOYEZ CERTAINS
QUE CELA
NE NOUS
RAPPORTA RIEN....

MANIFESTE DU PARTI COMMUNISTE

C'EST
LA RUINE
MES
ENFANTS!

"UN SPECTRE HANTE L'EUROPE: LE SPECTRE
DU COMMUNISME, TOUTES LES PUISSAN-
CES DE LA VIEILLE EUROPE, LE
PAPE ET LE TSAR, METTERNICH
ET GUIZOT, RADICAUX FRAN-
ÇAIS ET POLICIERS ALLE-
MANDS RÉUNIS EN "SAIN-
TE ALLIANCE" LUI
LIVRENT UNE CHASSE
IMPITOYABLE, QUEL EST
LE PARTI D'OPPOSITION
QUI N'A PAS ÉTÉ
TAXÉ DE COMMU-
NISTE PAR SES ADVER-
SAIRES AU POUVOIR?
ET QUEL EST LE PARTI
D'OPPOSITION QUI N'A PAS
RÉPLIQUÉ...."

IL NE PROVOQUA SUR LE MOMENT
QUE DE FAIBLES RÉACTIONS, MAIS,
PEU À PEU, LE MONDE S'INQUIÉ-
TAIT, SA PARUTION FUT UN
DES FAITS LES PLUS
IMPORTANTS DE L'HISTOIRE
DE L'HUMANITÉ....

(ÇA COMMENCE AINSI, NOUS VERRONS
LA SUITE APRÈS....)

29

DANS LA MISÈRE LA PLUS NOIRE (TROIS DE SES ENFANTS MOURURENT FAUTE DE MÉDI-CAMENTS). MARX PASSA À LONDRES LE RESTE DE SA VIE EN ÉCRIVANT DES LIVRES RÉVOLUTIONNAIRES ET DES ARTICLES POUR LES JOURNAUX QUI ACCEPTAIENT SA COLLABORATION....

PARMI EUX LE "DAILY TRIBUNE" DE NEW YORK....

ENGELS L'AIDAIT ET SOUVENT L'ENTRETENAIT. MARX RÉUSSIT À AVOIR UN PEU D'ARGENT QUAND, À LA MORT DE SON BEAU-PÈRE, IL TOUCHA UN PETIT HÉRITAGE QUI LUI SERVIT À PAYER SES DETTES. IL ALLAIT OBTENIR UN EMPLOI DANS UN BUREAU DE CHEMINS DE FER MAIS SE LE VIT REFUSER À CAUSE DE SON ÉCRITURE.

MARX N'EUT JAMAIS DE REVENU FIXE, D'EMPLOI PERMANENT, NI DE COMPTE EN BANQUE.... MAIS CE QU'IL NE GAGNA PAS POUR LES SIENS, IL L'OBTINT POUR DES MILLIONS D'HOMMES....

(JUGEZ VOUS-MÊMES....)

NE CROYEZ PAS QUE LES IDÉES DE CHARLIE SOULEVÈRENT L'ENTHOUSIASME DU PUBLIC, AU CONTRAIRE : PERSONNE NE CONNAISSAIT MARX EN DEHORS DES CERCLES CULTURELS DES ÉMIGRÉS ALLEMANDS ET DE QUELQUES INTELLECTUELS...

Les théories économiques de Marx sur la valeur et la plus-value, la concentration et l'accumulation, la spoliation et la dépaupérisation, la crise et la spéculation, la lutte de classes et la révolution n'eurent d'influence historique ni dans les débats à l'intérieur du mouvement ouvrier, ni parmi les étudiants. Certaines de ses théories étaient déjà fortement discutées à la fin du siècle au sein du mouvement ouvrier ; mais on accordait à d'autres un certain poids et une réelle valeur.

LE TIRAGE DES LIVRES ET DE SES ARTICLES ÉTAIT TRÈS LIMITÉ ET LE STYLE DU CAMARADE MARX DIFFICILE D'ACCÈS, SI BIEN QUE PEU DE GENS LE CONNAISSAIENT ET COMPRENAIENT SES IDÉES AUDACIEUSES,

CE N'EST, EN RÉALITÉ, QU'EN 1917, AVEC LE TRIOMPHE DE LÉNINE EN RUSSIE, QUE L'OEUVRE DE MARX SERA DIFFUSÉE, ÉTUDIÉE ET DISCUTÉE DANS LE MONDE ENTIER .....

(ET MISE EN PRATIQUE PAR DES MILLIONS DE GENS.....)

31

Travailler dans une telle misère n'était pas toujours facile et la famille devenait de plus en plus prolétaire. Ses six membres vivaient dans deux pièces de Dean Street. Quelquefois Marx ne pouvait sortir car ses vêtements étaient au Mont-de-Piété. Il manquait de tout jusqu'au papier pour écrire. C'est à cette époque que naquit sa fille Françoise qui devait très vite mourir. Dans une lettre à une amie, Mme Marx parle de ce terrible moment : « Nos trois petits se tenaient près de nous et nous pleurions tous la mort de ce petit ange étendu tout pâle et tout froid. La mort de la petite créature est survenue au moment de notre plus extrême pauvreté. J'allai trouver un réfugié français qui habitait à côté de nous et qui nous avait rendu visite peu de temps auparavant. Emu, il me donna deux livres sterling avec lesquelles nous pûmes payer le petit cercueil dans lequel ma pauvre petite repose en paix. Quand elle vint au monde, elle n'avait même pas de berceau et elle paya bien cher son dernier petit lit. »

MARX EMPLOYA LES 25 DERNIÈRES
ANNÉES DE SA VIE
À L'ÉLABORATION DE SON OEUVRE
MAJEURE =

LE CAPITAL

QU'IL NE RÉUSSIT PAS
À FINIR, DE CE QUI DEVAIT
ÊTRE UN OUVRAGE EN TROIS
VOLUMES IL NE RÉDIGEA
COMPLÈTEMENT QUE
LE PREMIER, LE SECOND ET
LE TROISIÈME FURENT MIS
EN ORDRE ET COMPLÉTÉS,
D'APRÈS SES NOTES, PAR
ENGELS. DANS SES DERNIÈRES
ANNÉES, MARX FUT TER-
RASSÉ PAR LA MALADIE.....

Das Kapital.

Kritik der politischen Oekonomie.

Von

Karl Marx.

Erster Band.
Buch I: Der Produktionsprocess des Kapitals.

Das Recht der Uebersetzung wird vorbehalten.

Hamburg
Verlag von Otto Meissner.
1867.
New-York: L. W. Schmidt, 24 Barclay-Street.

MIGRAINES,
DÉPRESSIONS, INSOMNIE,
HÉMORROÏDES, FURONCULOSE,
ASTHÉNIE NERVEUSE....
PLEURITE AVEC BRONCHITE,
ABCÈS AU POUMON=
IL EN FALLAIT MOINS
POUR MOURIR....

C'EST CE QUI LUI ARRIVA
LE 14 MARS 1883, À
SA TABLE DE TRAVAIL.
IL AVAIT 65 ANS.

SI ON LAISSE DE CÔTÉ LES ARTICLES ÉCRITS POUR DES REVUES ALLEMANDES, ANGLAISES, FRANÇAISES ET AMÉRICAINES, VOICI LA LISTE DES OUVRAGES DE MARX =

1841 = DIFFÉRENCE DE LA PHILOSOPHIE DE LA NATURE CHEZ DÉMOCRITE ET ÉPICURE

1843 = SUR LA QUESTION JUIVE

1844 = LA CONTRIBUTION À LA CRITIQUE DE LA PHILOSOPHIE DU DROIT DE HEGEL, MANUSCRITS D'ÉCONOMIE POLITIQUE

1845 = LA SAINTE FAMILLE

1846 = L'IDÉOLOGIE ALLEMANDE

1847 = MISÈRE DE LA PHILOSOPHIE

1848 = LE MANIFESTE DU PARTI COMMUNISTE

1850 = LES LUTTES DES CLASSES EN FRANCE

1852 = LE 18 BRUMAIRE DE LOUIS BONAPARTE

1859 = CONTRIBUTION À LA CRITIQUE DE L'ÉCONOMIE POLITIQUE

1865 = SALAIRE, PRIX ET PROFIT

1871 = LA GUERRE CIVILE EN FRANCE EN 1871

1867
1893 } LE CAPITAL — VOL. I^o - II° - III°
1894

L'OEUVRE DE MARX EST CONSIDÉRÉE COMME LA BIBLE DES OUVRIERS. MAIS IL EST ÉTRANGE DE VOIR À QUEL POINT PEU D'OUVRIERS COMPRENNENT CE QU'IL A ÉCRIT. EN RÉALITÉ, LA MAJEURE PARTIE DE SES OEUVRES SONT ABSTRAITES ET DIFFICILES, COMME LES MATHÉMATIQUES. ELLES ONT POURTANT CHANGÉ LE MONDE.

LA RÉVOLUTION RUSSE = OEUVRE DE MARX

LA RÉVOLUTION CHINOISE = OEUVRE DE MARX

TOUS LES MOUVEMEN[TS] SOCIAUX DES 100 DERNIÈRES ANNÉES SON[T] DUS À L'INFLUENCE MARXISTE (CUBA, CHILI, MEXIQUE, VIETNAM, CORÉE, CHYPRE, HONGRIE, TCHÉCOSLOVAQUIE, RDA, INDONÉSIE POLOGNE, TIBET, BOLIVIE GUATEMALA, CONGO, ALBANIE, GRÈCE, ANGOLA, ETC.)

DANS TOUS LES DOMAINES DU SAVOIR HUMAIN, ON TROUVE SON INFLUENCE. VOICI QUELQUES GRANDS NOMS INFLUENCÉS PAR MARX ET QUI, À LEUR TOUR, ONT MARQUÉ DES MILLIONS D'AUTRES HOMMES.

GORKI CHAGALL
CARDENAS MEYERHOLD Kate Kollwitz
DUTT
De Gaulle CAMUS MARIATEGUI
GAGARIN ORWELL
KANDINSKY LUMUMBA
Caudwell Pasternak STRAVINSKY chaplin
DIEGO RIVERA DARWIN BUÑUEL MAO
Tsholkowsky GARAUDY HEMINGWAY
Bertrand Russell
GANDHI Bertolt Brecht THOMAS MANN PROUST Malraux
ZOLA MAKARENKO MAÏAKOVSKI
DIMITROV PISCATOR TOLSTOI CASTRO
CURIE SUN-YAT-SEN SIQUEIROS FLORES MAGON
LEGER EL CHÉ
Rolland Leon Felipe EDUARD PUSHKIN
JEAN XXIII Ehrenburg (1799-1837)
PAVLOV GARCIA LORCA nehru
PROKOFIEFF HO-CHI-MINH LE CORBUSIER C.Vallejo
neruda PASOLINI EISENSTEIN
NASSER KAREL Weiss
STALINE LUKACS LÉNINE faulkner CAPEK TOGLIATTI gramsci
Thaelmann HUXLEY
PICASSO BARTRE ZAPATA ORTEGA Y GASSET
ANTONIO G B Shaw TUPOLEV René fucik ROSA
MACHADO KAFKA NIEMEYER TROTSKY Clair LUXEMBURG
REED MIRÓ CHOLOKHOV Matisse CHOSTAKOVICH
TITO
FREUD
HARRY POLLITT

APRÈS CE BREF PORTRAIT DE L'HOMME, VOYONS UN PEU CE QUE C'EST QUE LE MARXISME ET CE QU'A FAIT KARL **MARX** POUR AVOIR TANT CONTRIBUÉ AU PROGRÈS DE L'HUMANITÉ, QU'ON LE VEUILLE OU NON.

POUR CELA IL EST NÉCESSAIRE DE FAIRE UN RETOUR EN ARRIÈRE, À LA RECHERCHE DES RACINES DU MARXISME .....

QUELLE A ÉTÉ LA PENSÉE DE L'HOMME À TRAVERS LES ÂGES ?

IL N'EST PAS POSSIBLE
DE DEVINER LA PENSÉE
DE L'HOMME S'IL NE
L'EXPRIME PAS.....
MAIS C'EST ENCORE PLUS
IMPOSSIBLE SI, L'AYANT
MANIFESTÉE, IL N'A PAS
EU L'IDÉE D'ÉCRIRE
CE QU'IL AVAIT DIT.....
QUE PENSAIENT LES
PREMIERS HOMMES ?

AU DÉBUT DE L'HUMANITÉ RÉGNAIENT L'IGNORANCE ET
LA PEUR. NE CONNAISSANT PAS LES CHOSES, L'HOMME AVAIT PEUR
DE TOUT CE QUI BOUGEAIT ET SA PREMIÈRE PENSÉE FUT POUR
LE SURNATUREL: QUI FAISAIT DU BRUIT AVEC LE TONNERRE ?
QUI FAISAIT TREMBLER LA TERRE ?
QUI FAISAIT PLEUVOIR ?

SI BIEN QUE
L'HOMME, POUR
"S'EXPLIQUER" LES
PHÉNOMÈNES
NATURELS, INVENTA
LES DIEUX = LE DIEU
DE LA PLUIE, LE
DIEU DU FEU, LE
DIEU DE LA TERRE,
LE DIEU DU SOLEIL,
LA DÉESSE DE LA
FÉCONDITÉ, LE
DIEU DE LA
CHASSE....

37

AINSI APPARURENT
LES MAGES ET LES SOR-
CIERS QUI, EXPLOITANT
"L'IDÉE DE LA DIVINITÉ",
SE FAISAIENT PASSER, PAR
DE VULGAIRES TRUCS,
POUR LES ENVOYÉS DES
DIEUX INVESTIS DE
POUVOIRS EXTRAORDI-
NAIRES.

MAIS IL Y AVAIT AUSSI CEUX QUI SE SERVAIENT
DE LEUR TÊTE ET VOULAIENT TROUVER UNE
EXPLICATION LOGIQUE AUX PHÉNOMÈNES DE
LA NATURE = LES "PENSEURS"!

ARRÊTE UN PEU DE
PENSER ET FAIT
QUELQUE CHOSE D'UTILE!

MINUTE!! JE SUIS
EN TRAIN D'INVENTER
LA PHILOSOPHIE....

LA PHILOSOPHIE FUT D'ABORD UNE <u>CRITIQUE</u>
DES CROYANCES RELIGIEUSES = EN CHERCHANT
UNE RAISON LOGIQUE AUX PHÉNOMÈNES
NATURELS, L'HOMME CRÉA LA <u>SCIENCE</u>
PHILOSOPHIQUE.

POUR EN PROFITER
BIEN
ENTENDU!

DU GREC
PHILOS = AMI
ET
SOPHIA = SCIENCE

ET, PETIT À PETIT, COMMENCÈ-
RENT À SE FORMER LA
CLASSE DOMINANTE ET LA
CLASSE DOMINÉE.... CEUX
QUI, PAR IGNORANCE, SE
FAISAIENT EXPLOITER ET LES
AUTRES QUI EN PROFITAIENT
POUR NE PAS TRAVAILLER ET
ROULER LES CRÉDULES.

DEUX CAMPS OPPOSÉS SE
CRÉENT. ILS EXISTENT
ENCORE DE NOS JOURS:
LA RELIGION D'UN CÔTÉ,
LA SCIENCE DE L'AUTRE....

DIEU

PHILOSOPHE

UN DES PREMIERS PHILOSOPHES CONNUS FUT LE GREC XÉNOPHANE
DE COLOPHON QUI REFUSAIT D'ADORER LES IDOLES EN DISANT:

SI LES BOEUFS, LES CHEVAUX,
ET LES LIONS AVAIENT DES
MAINS ET POUVAIENT DESSINER,
ILS DESSINERAIENT DES IMAGES
DE DIEUX RESSEMBLANT AUX
CHEVAUX, AUX BOEUFS ET
AUX LIONS; TOUS AURAIENT
DES CORPS RESSEMBLANT
AU LEUR.....

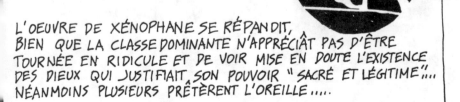

L'OEUVRE DE XÉNOPHANE SE RÉPANDIT,
BIEN QUE LA CLASSE DOMINANTE N'APPRÉCIÂT PAS D'ÊTRE
TOURNÉE EN RIDICULE ET DE VOIR MISE EN DOUTE L'EXISTENCE
DES DIEUX QUI JUSTIFIAIT SON POUVOIR "SACRÉ ET LÉGITIME".....
NÉANMOINS PLUSIEURS PRÊTÈRENT L'OREILLE .....

AVEC LE TEMPS ET L'ARGENT, LA CLASSE DOMINANTE PERFECTIONNA
SA RELIGION.... ELLE INVENTA DES DIVINITÉS, DES MYTHES, DES RITES,
DES CÉRÉMONIES ET ÉLEVA DES TEMPLES POUR ADORER LES DIEUX
ET LES DÉESSES, MOYENNANT PAIEMENT EN NATURE OU EN ARGENT,
"POUR S'ATTIRER LES FAVEURS DIVINES.".....

EN MÊME TEMPS SE
CRÉA UNE "CASTE
DIVINE"... LES SORCIERS
SE TRANSFORMÈRENT
EN GRANDS PRÊTRES,
SI PUISSANTS
QUE, ASSOCIÉS
AUX ROIS ET
AUX PHARAONS,
ILS BÂTIRENT
DES EMPIRES
OÙ LES FIDÈLES
ÉTAIENT ESCLA-
VES " PAR LA
VOLONTÉ DES DIEUX
SUPRÊMES"!...
L'ÉTAT
DÉCIDAIT DES
DIEUX À ADORER
OU À LAISSER
DE CÔTÉ .....

PASSONS
LA
MONNAIE

LES CHOSES ALLÈRENT
SI LOIN QUE MÊME
LES ROIS VOULURENT
ÊTRE ADORÉS
COMME DES
DIEUX .....

PENDANT CE TEMPS
LA RELIGION CRÉAIT
SA PROPRE SCIENCE
(LA THÉOLOGIE=
PHILOSOPHIE DES DIEUX)
POUR JUSTIFIER
SON EXISTENCE.
LA PREMIÈRE
INVENTION
DE LA RELIGION
FUT LA CROYANCE
EN L'AU-DELÀ=
EN UNE AUTRE VIE ....

LES PREMIERS À MORDRE À L'APPÂT FURENT LES ÉGYPTIENS...

LA THÈSE ÉGYPTIENNE ÉTAIT TRÈS SIMPLE= LES HOMMES APPARTIENNENT
À OSIRIS ET DOIVENT RESPECTER SA VOLONTÉ SUR LA TERRE
EN SUPPORTANT L'ESCLAVAGE DANS L'ESPOIR QUE, S'ILS SE
COMPORTENT BIEN, ILS ENTRERONT DANS UNE NOUVELLE VIE
OÙ ILS SERONT ENFIN HEUREUX .....

GULP...

VOUS AVEZ BIEN SÛR DÉJÀ ENTENDU ÇA?

41

IL NE MANQUE POURTANT PAS D'HOMMES (MÊME S'ILS SONT RARES) QUI NE VEULENT PAS CROIRE EN AVEUGLES À LA RELIGION ET CHOISISSENT UN SYSTÈME RAISONNÉ, FONDÉ SUR LA SCIENCE.....

QUI ÉTAIENT CES HOMMES ?

MAIS... THALÈS PAR EXEMPLE.....

THALÈS

DE MILET EST TENU POUR LE PÈRE DE LA PHILOSOPHIE. IL VÉCUT QUATRE SIÈCLES AVANT LE CHRIST ET SE CONSACRA À L'ASTRONOMIE ET À L'EXPLICATION SCIENTIFIQUE DES PHÉNOMÈNES NATURELS ....

QUELLE FORCE FAIT MOUVOIR L'UNIVERS?

PYTHAGORE

AUTRE ÉMINENT BARBU-PÈRE DES MATHÉMATIQUES- CONCLUT QU'AU COMMENCEMENT ÉTAIT LE NOMBRE ET QUE DONC LA VIE EST ....

...LE RÉSULTAT D'UNE RELATION MATHÉMATIQUE PARFAITE ENTRE LES PARTIES DU CORPS.....

PYTHAGORE ET SES DISCIPLES (IL FONDA UNE CURIEUSE ASSOCIATION OÙ IL ÉTAIT DÉFENDU DE MANGER DES HARICOTS) FURENT LES PREMIERS À DÉCLARER QUE LA TERRE N'EST PAS LE CENTRE DE L'UNIVERS ....

HÉRÉTIQUES ATHÉES ROUGES!!

ILS FURENT PAR CONSÉQUENT PER-SÉCUTÉS ET LE GROUPE DES PY-THAGORICIENS FUT DISPERSÉ PAR DES FANATIQUES RELIGIEUX ....

PRÈS VIENT

HÉRACLITE

UE L'ON APPELLE E PÈRE DE LA IALECTIQUE, C'EST-À-DIRE 'ART DE LA POLÉMIQUE.

PHILOSOPHE ATHÉE, HÉRACLITE ENSEIGNAIT QUE TOUT EXISTE, ET EN MÊME TEMPS, N'EXISTE PAS .... TOUT VARIE ET CHANGE CONTINUELLEMENT, APPARAÎT ET DISPARAÎT ....

"PERSONNE NE SE BAIGNE DEUX FOIS DANS LE MÊME FLEUVE CAR CE QUI ARRIVE À DEUX MOMENTS SUCCESSIFS N'EST JAMAIS LA MÊME CHOSE."

AH VIEUX RENARD!

43

EN GÉNÉRAL
CES HOMMES
ÉTAIENT PER-
SÉCUTÉS ET
FINISSAIENT
MAL, LA SCIENCE
ÉTANT ENCORE
TROP ARRIÉRÉE
POUR PERMETTRE
DE PROUVER
CES NOUVELLES
"THÉORIES
ATHÉES...."

LA STRUCTURE DU
MONDE DÉPEND DE
TENSIONS OPPOSÉES
COMME L'ARC ET
LA FLÈCHE...

QUOI?
BIZARRE,
BIZARRE!

ET
MAINTENANT,
RENDONS
NOUS EN
SICILE.

A AGRIGENTE, VIVAIT
EMPÉDOCLE QUI PRÉTENDAIT
QUE TOUS LES HOMMES ÉTAIENT
DES DIEUX CHASSÉS
DU CIEL
À CAUSE DE LEUR
MÉCHANCETÉ.....
IL SOUTENAIT AUSSI
QUE CHAQUE CHOSE EST
COMPOSÉE D'AIR,
DE FEU, D'EAU ET DE TERRE,
CE QUE L'ON CRUT
JUSQU'AU MOYEN AGE....

IL JETA AINSI
LES BASES DE
LA CHIMIE
MODERNE......

44

CES ÉLÉMENTS ÉTAIENT, DISAIT-IL, SOUMIS À DEUX FORCES : L'ATTRACTION ET LA RÉPULSION, L'AMOUR ET LA HAINE QUI PERMETTAIENT AU MONDE DE SE MOUVOIR AU RYTHME DE LA VIE ET DE LA MORT.

L'AMOUR UNIT, LA HAINE SÉPARE ET AINSI SE CRÉENT UN ÉCHANGE ET UN MOUVEMENT...

ANAXAGORE

MOURUT, QUANT À LUI, POUR SES OPINIONS. IL DISAIT POURTANT LA VÉRITÉ= "LE SOLEIL EST UNE MASSE DE FEU ET DE PIERRES"... (ET NON UN DIEU COMME LE CROYAIENT LES ATHÉNIENS IGNORANTS)...

MAIS LE "PIRE" DE TOUS FUT SOCRATE !

SOCRATE

PÈRE DE L'HUMOUR, SE MOQUAIT DE TOUT= DES DIEUX, DES PHILOSOPHES, DU GOUVERNEMENT, DE LA RELIGION ET DE LUI-MÊME.
IL ÉTAIT, C'EST VRAI, GROS, PETIT, NÉGLIGÉ, CHAUVE ET PLEIN DE RIDES...

SES PRINCIPALES TROUVAILLES
CONCERNENT LA NÉGATION DE LA
MORALE EN TANT QUE
SYNONYME DE RELIGION...

L'ÊTRE HUMAIN PEUT SE COMPORTER CONVENABLEMENT SANS CROIRE AUX DIEUX.....

PERSONNE N'EST MAUVAIS VOLONTAIREMENT MAIS SEULEMENT PAR IGNORANCE

L'HOMME COMMENCE À VIVRE QUAND IL COMMENCE À DOUTER DE TOUT CE QUI EXISTAIT AVANT LUI...

LE DOUTE EST LE COMMENCEMENT DE LA VÉRITÉ

CONNAIS-TOI TOI-MÊME

FINALEMENT SOCRATE
FUT ACCUSÉ DE CORROMPRE LA
JEUNESSE, D'ATTAQUER LES
INSTITUTIONS, D'ATHÉISME,
D'AMORALITÉ, ETC, ET
CONDAMNÉ À MORT.
PENDANT QU'IL BUVAIT
LA CIGUË DANS UN
GRAND VERRE IL
BAVARDAIT
TRANQUILLEMENT AVEC
SES DISCIPLES....

.. SOCRATE EST MORT... VIVE SOCRATE....

SOKRATES

LA PHILOSOPHIE GRECQUE SE TERMINE PAR TROIS GROSSES TÊTES :

PLATON
DÉMOCRITE
ET
ARISTOTE

PLATON EXPRIMA SES IDÉES SOUS
FORME DE <u>DIALOGUES</u> DANS LESQUELS
IL POSE LES
TROIS QUESTIONS FONDAMENTALES
DE LA PHILOSOPHIE :

OÙ L'HOMME PEUT-IL DÉCOUVRIR LA VÉRITÉ ?

QUELLE EST LA FINALITÉ
DE LA VIE HUMAINE ?

QUELLE EST L'ORIGINE DE L'UNIVERS ?

AVEC SES RÉPONSES NOTRE PLATON FONDA UN SYSTÈME PHILOSOPHIQUE APPELÉ: "IDÉALISME OBJECTIF," D'APRÈS LEQUEL LES CHOSES SONT SEULEMENT L'OMBRE DES IDÉES: LES IDÉES SONT ÉTERNELLES, LES CHOSES TRANSITOIRES...

LES CHEVAUX N'EXISTENT PAS. EXISTE SEULEMENT L'IDÉE QUE NOUS AVONS DES CHEVAUX...

LA VRAIE CONNAISSANCE DES CHOSES —DISAIT PLATON— NE VIENT NI DE LA PERCEPTION, NI DE LA RAISON. L'HOMME NE PEUT CONNAÎTRE LA VÉRITÉ AU MOYEN DE LA SCIENCE, MAIS SEULEMENT PAR "INSPIRATION" DE L'AU-DELÀ. L'HOMME NE PEUT CONNAÎTRE LES CHOSES PAR LUI-MÊME MAIS SEULEMENT À TRAVERS L'IDÉE QUE DIEU LUI DONNE DES CHOSES...

Platon

INUTILE DE DIRE QUE PLATON RESTA EN VIE...

CETTE INTERPRÉTATION DE
LA RÉALITÉ HUMAINE
PLAISAIT AUX AUTORITÉS =
CERTAINS HOMMES SONT
AU SERVICE D'AUTRES,
PLUS NOBLES ET PLUS
RICHES. LES PAUVRES
N'ONT PAS À SE
SOUCIER DE LEUR SORT
PUISQU'ILS SERONT
HEUREUX DANS
L'AUTRE MONDE, LE MONDE
À VENIR, ET PAS DANS
UN ICI-BAS QUI N'EST QUE
LE FRUIT DE LEUR
IMAGINATION.

PREMIER PRIX
DE SCIENCE POUR
MISTER PLATON!

PLUS TARD COMME ON LE SAIT, LES IDÉES DE PLATON FURENT
UTILISÉES POUR ÉLABORER LES DOCTRINES SUR "L'IMMORTALITÉ" DE
L'ÂME ET LA RÉALITÉ PÉCHERESSE DE LA CHAIR, C'EST-À-DIRE DE LA
MATIÈRE, AMEN...

DÉMOCRITE

AU CONTRAIRE FUT PERSÉCUTÉ
POUR AVOIR SOUTENU DES IDÉES
"MATÉRIALISTES."

"LA SUBSTANCE COSMIQUE EST
COMPOSÉE D'UN NOMBRE INFINI
D'ÉLÉMENTS OU PARTICULES
PHYSIQUEMENT INVISIBLES,
INDESTRUCTIBLES ET INFINIS,
VARIABLES EN TAILLE ET EN FORME
ET EN PERPÉTUEL MOUVEMENT."

QU'EST-CE QU'IL
RACONTE
CE TYPE-LÀ?

49

DÉMOCRITE PARLAIT DES

ATOMES

QUATRE SIÈCLES AVANT LE CHRIST ET VINGT-QUATRE AVANT EINSTEIN !

LE CYCLE GREC
SE FERME AVEC

ARISTOTE

MAÎTRE DU SAVOIR, PROTÉGÉ D'ALEXANDRE LE GRAND, GÉNIE DANS TOUTES LES DISCIPLINES DU GENRE HUMAIN (IL TRAITA DE LA PHYSIQUE, DE L'ÉTHIQUE, DE LA POLITIQUE, DE LA PHILOSOPHIE, DE LA BIOLOGIE, DE LA ZOOLOGIE) REMARQUABLE ÉDUCATEUR, HOMME DE SCIENCE INFATIGABLE, SON INFLUENCE DURERA JUSQU'À LA NAISSANCE DU MATÉRIALISME AU XVIIIᵉ SIÈCLE.

ÇA DEVAIT ÊTRE UN AMI DE RIUS !

EN VOYANT L'ORIGINE DES LUTTES SOCIALES DANS L'INÉGALITÉ DES CONDITIONS ÉCONOMIQUES, ARISTOTE FIT UNE DE SES DÉCOUVERTES LES PLUS INTÉRESSANTES....

IL Y A DES RICHES ET DES PAUVRES ET LES DIEUX N'ONT RIEN À VOIR LÀ-DEDANS....

TOUT DÉPEND—PENSAIT LE PHILOSOPHE—DE QUI DÉTIENT LE POUVOIR. S'IL EST ENTRE LES MAINS DES RICHES, LE RÉGIME EST UNE OLIGARCHIE. SI LE PEUPLE L'EXERCE, ON A UNE DÉMOCRATIE. IL Y A DIFFÉRENTS TYPES DE DÉMOCRATIE, SELON QUE LES PAYSANS, LES ARTISANS, OU LES SALARIÉS SONT PLUS OU MOINS NOMBREUX.

RISTOTE FUT DONC PREMIER À DÉ-UVRIR QUE LE GIME ÉCONOMI-E EST À L'ORI-NE DES INÉGALI-S SOCIALES. IL STIFIAIT TOUT DE ME L'EXISTENCE DE ESCLAVAGE QU'IL TIMAIT "NÉCESSAIRE LA SOCIÉTÉ"!

DE MÊME QUE L'ON JUGE INDIS-PENSABLE À LA FAMILLE L'ASSERVIS-SEMENT DE LA FEMME....?

ARISTOTE TROUVAIT LES IDÉES
DE PLATON ABSURDES
ET CONSIDÉRAIT LES
SENS COMME UNIQUE
SOURCE DE VÉRITÉ

VOIR C'EST CROIRE...

DANS LE DOMAINE
DE L'ÉTHIQUE,
IL ENSEIGNA
QUE LE BUT
DE LA VIE EST
LE BONHEUR.
IL RECONNAISSAIT
QUE L'ARGENT,
LE POUVOIR
ET LES HONNEURS
RENDENT
HEUREUX CEUX
QUI LES
POSSÈDENT
....

ÇA
D'ABORD
......

LA PREMIÈRE ÉTUDE
PHILOSOPHIQUE
DU JEUNE MARX
PORTA PRÉCISÉMENT
SUR CES "GROSSES
TÊTES".
CE FUT
LE SUJET DE
SA THÈSE.

C'EST
COTON !

"DIFFÉRENCE DE LA
PHILOSOPHIE DE
LA NATURE CHEZ
DÉMOCRITE ET
CHEZ ÉPICURE"

SI QUELQUE LECTEUR
A ENVIE DE LA LIRE,
ELLE SE TROUVE
DANS LES BIBLIOTHÈ-
QUES... ET NOUS
POUVONS LUI ASSURER
QUE S'IL RÉUSSIT
À LA DIGÉRER EN
QUINZE JOURS, IL
SERA UN VÉRITABLE
SAGE (OU UN PARFAIT
CRÉTIN EN 30....).

BIEN QUE LE FAUX CHRISTIANISME
RÉTROGRADE DU MOYEN AGE
SOIT PRÊT À FAIRE SON
APPARITION, LA PHILOSOPHIE
NE S'ARRÊTE PAS LÀ....

LA SCIENCE DEVIENT ESCLAVE DE
LA THÉOLOGIE.....

CE N'EST PAS POUR RIEN QUE CETTE INCROYABLE ÉPOQUE S'APPELLE

L'AGE DE LA FOI

(ON ENTEND PAR FOI LA NÉGATION DE TOUT RAISONNEMENT
SCIENTIFIQUE)

'EST À CETTE
POQUE QUE
'ÉTABLIT À
OME UNE
ÉROCE DICTATURE
UI DÉCLARE
"ÉRÉTIQUES"
OUS CEUX QUI
E PENSENT PAS
MME L'ÉGLISE.
OUTE TRACE DE
HILOSOPHIE
SPARAÎT DE
EUROPE DANS LES
BÛCHERS DE LA
SAINTE INQUISITION."

NOUS
ESSAIERONS
MAINTENANT
DE DÉFINIR
LE "SEXE
DES
ANGES".....

A CETTE ÉPOQUE
D'OBSCURANTISME,
SCIENCE ET PHILO-
SOPHIE NE SE
DÉVELOPPÈRENT
QU'EN DEHORS
DE L'EUROPE,
DANS LE MONDE
MUSULMAN, AVEC
DES AVICÈNE ET
DES AVÉROÈS QUI
RÉFUTÈRENT LA
BIBLE EN LA TRAI-
TANT "D'EXPOSÉ
ALLÉGORIQUE DESTINÉ
AUX IGNORANTS."

← PORTRAIT
D'ERASME DE
ROTTERDAM
CENSURÉ
PAR
L'INQUISITION
ESPAGNOLE,
COMME
HÉRÉTIQUE

FAUTE DE PHILOSOPHIE, CERTAINS, N'AYANT RIEN D'AUTRE À QUOI
PENSER, PASSAIENT LEUR TEMPS À DES RECHERCHES THÉOLOGIQUES SUR
LE NOMBRIL DES ANGES, L'IMMORTALITÉ DES CREVETTES, LES MYSTÈRES
DE L'ÉGLISE, LA TRÈS SAINTE TRINITÉ. AINSI THOMAS D'AQUIN, QUI
ÉCRIVIT 21 VOLUMES DE GYMNASTIQUE MENTALE POUR JUSTIFIER
LES DOGMES DE
L'ÉGLISE CATHOLIQUE
ROMAINE...

(ON LES ÉTUDIE
ENCORE DANS
LES SÉMINAIRES.....)

MACHIAVEL FUT LE PREMIER À ATTAQUER
(1469-1527) L'ÉGLISE ET À PRÊCHER
LA RÉBELLION CONTRE
LA DICTATURE
CLÉRICALE...

L'ÉGLISE A ANNEXÉ
DIEU À SES FINS
PERSONNELLES!

LA RENAISSANCE

COMMENÇAIT, C'EST-À-DIRE LA CONTRE-ATTAQUE EN FORCE DE LA
RAISON ET DE LA SCIENCE CONTRE LE DOGME, LA DICTATURE
RELIGIEUSE ET LE FANATISME
ELLE OBTINT POUR L'HUMANITÉ
CE BIEN SI PRÉCIEUX:
LA LIBERTÉ DE
PENSÉE...."

"JE ME DEMANDE
POURQUOI C'EST DANS
LES PAYS OÙ IL Y
A LE PLUS DE
NOBLES QUE L'ON
TROUVE LE PLUS
DE MISÈRE"....
BACON

55

C'EST UNE ÉPOQUE FLO-
RISSANTE DANS L'HISTOIRE
DE L'HUMANITÉ, AVEC UNE
PLÉIADE D'INTELLECTUELS,
TÉMOINS DU TRIOMPHE
DE LA PENSÉE :
DANTE, BOCCACE,
PÉTRARQUE, MACHIAVEL,
LÉONARD DE VINCI,
ÉRASME, LUTHER, VICO,
COPERNIC, GALILÉE,
KEPLER, NEWTON,
GIORDANO BRUNO,
BACON ...

*Giordano Bruno, moine domini-
cain, contemporain de Galilée. Il
renonça aux ordres pour se rallier
à la doctrine panthéiste, suivant
laquelle Dieu et la Nature sont les
éléments passifs et actifs de la
réalité. Prisonnier de l'Inquisition,
il refusa de se rétracter et fut
brûlé vif en 1600.*

CHEZ TOUS CES HOMMES, UNE IDÉE PRÉDOMINE : CHERCHER
LA VÉRITÉ INDÉPENDAMMENT DE L'ÉGLISE ET DE LA RELIGION
ILS PLIÈRENT TOUS SOUS LE JOUG IMPLACABLE DE L'ÉGLISE.

DANS CETTE LISTE DE
GENS ILLUSTRES, VOUS
VOUS SEREZ DEMANDÉ
QUI DIABLE PEUT BIEN
ÊTRE CE
VICO ?

"VICO, JEAN-BAPTISTE,
PHILOSOPHE, NÉ À
NAPLES (1668-1744)
AUTEUR DES "PRINCIPES
D'UNE SCIENCE
NOUVELLE DE LA
NATURE COMMUNE
DES NATIONS!"

mmmmm....

CE PHILOSOPHE FUT LE PREMIER À SOUTENIR LA THÈSE - AUDACIEUSE POUR L'ÉPOQUE - QUE L'HISTOIRE DE L'HUMANITÉ PASSE PAR TROIS PHASES QUI CORRESPONDENT AUX PHASES DE LA VIE HUMAINE: L'ENFANCE, L'ADOLESCENCE ET L'ÂGE ADULTE. SOIT:

1 LE RÉGIME BARBARE ET PATRIARCAL DE L'HOMME CHASSEUR, DOMINÉ PAR LA MAGIE...

2 LE RÉGIME FÉODAL AVEC UNE MINORITÉ D'ARISTOCRATES, ET UNE MAJORITÉ D'ESCLAVES...

3 LE "NOUVEAU RÉGIME" ... L'ÂGE ADULTE DE L'HUMANITÉ.

CETTE THÈSE N'A RIEN DE PARTICULIER EN SOI, SAUF DEUX DÉTAILS: VICO LA SOUTENAIT EN PLEINE PÉRIODE FÉODALE ET PARLAIT POUR LA PREMIÈRE FOIS DE L'ÉVOLUTION DE LA SOCIÉTÉ VERS LA DÉMOCRATIE GRÂCE À LA LUTTE DE CLASSES....

SON ERREUR FUT SANS AUCUN DOUTE D'ARRÊTER LÀ L'ÉVOLUTION ET DE SUPPOSER QUE LE RÉGIME BOURGEOIS NE SERAIT REMPLACÉ PAR AUCUNE AUTRE FORME SUPÉRIEURE DE SOCIÉTÉ, L'HISTOIRE DE L'HUMANITÉ REPRENANT SON CYCLE ÉVOLUTIF À PARTIR DE LA PREMIÈRE PHASE....

DESCARTES ET SPINOZA

AVEC EUX L'HOMME ARRIVE À L'USAGE DE LA RAISON

FURENT LES PRINCIPAUX PILIERS DE LA PHILOSOPHIE AU XVIIᵉ SIÈCLE, QUE DOMINAIT ENCORE LA THÉOLOGIE DE L'ÉGLISE ROMAINE....

HOMME DE SCIENCE ET NOBLE ESPRIT, DESCARTES COMBAT POUR EXPLIQUER LE MONDE D'UN POINT DE VUE MATÉRIALISTE. IL RAISONNE SUR L'EXISTENCE DES CHOSES ET CHERCHE EN MÊME TEMPS À DÉMONTRER L'EXISTENCE DE DIEU....

"TOUT CE QUE NOUS CONCEVONS CLAIREMENT ET DISTINCTEMENT EXISTE..."

LE SYSTÈME CARTÉSIEN ("JE PENSE, DONC JE SUIS") ÉTAIT À LA FOIS MATÉRIALISTE ET IDÉALISTE: POUR LUI, L'HOMME N'ÉTAIT QU'UNE MACHINE, MAIS DOTÉE D'UNE ÂME À LAQUELLE IL DONNAIT UNE PLACE PRÉCISE: ELLE ÉTAIT CACHÉE DANS LA GLANDE PINÉALE, DERRIÈRE LE CERVEAU.....

DESCARTES AVAIT UNE CONCEPTION MÉCANISTE DU MONDE = NOUS VERRONS PLUS LOIN CE QUE C'EST ET À QUELLE SAUCE ÇA SE MANGE

SPINOZA VÉCUT ISOLÉ: UN, PARCE QU'IL ÉTAIT JUIF; DEUX, PARCE QU'IL CESSA DE L'ÊTRE EN DEVENANT ATHÉE..... IL ÉMIT UNE IDÉE VRAIMENT INCONCEVABLE À L'ÉPOQUE:

L'HOMME EST LIBRE DE PENSER ET DE CROIRE CE QUE LUI DICTE SA RAISON

IL AFFIRMAIT: "DIEU N'EXISTE PAS COMME LE SOUTIENT LA RELIGION; C'EST UN "PRINCIPE" SPIRITUEL ET IMPERSONNEL, UNE SUBSTANCE QUI CONSTITUE LA RÉALITÉ DE L'UNIVERS"

(LE PANTHÉISME PRÉTEND QUE TOUT EST DIEU) ON COMPREND QUE SPINOZA AIT VÉCU DANS LA PAUVRETÉ EN POLISSANT DES LUNETTES.....

TOUS CES PHILOSOPHES MATÉRIALISTES ET DEMI-ATHÉES AVAIENT UN DÉFAUT: ILS FAISAIENT BEAUCOUP TROP CONFIANCE À LA SCIENCE. ILS POSAIENT EN PRINCIPE QUE L'HOMME FAIT PARTIE DE LA NATURE (EXACT) ET QUE LES RELATIONS HUMAINES SONT RÉGLÉES PAR LES MÊMES LOIS QUE TOUS LES PHÉNO-MÈNES NATURELS (FAUX).

C'EST FAUX? POURQUOI?

PARCE QUE DESCARTES ET SPINOZA, COMME LEURS PARTISANS, SE TROMPAIENT EN CROYANT QUE LA NATURE NE CHANGE PAS, N'ÉVOLUE PAS ET OBÉIT À DES LOIS ÉTERNELLES ET IMMUABLES.

VOYONS CE QU'EN PENSAIT DIDEROT:

"L'ASTRONOMIE AVAIT DÉMONTRÉ QUE LES PLANÈTES SE MEUVENT DANS UNE ORBITE QUI SE REFERME ET SE RÉPÈTE À SON POINT DE DÉPART"

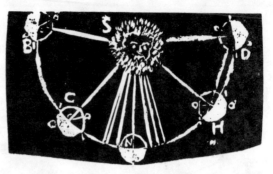

DIDEROT (AVEC D'AUTRES) EN CONCLUT QUE LE <u>MONDE</u> ET L'<u>HUMANITÉ</u> AVAIENT TOUJOURS ÉTÉ LES MÊMES. NI L'UN NI L'AUTRE N'AURAIENT CONNU D'ÉVOLU- TION, MAIS SEULEMENT LA RÉPÉTITION DES CYCLES DE VIE ET DE MORT.

C'ÉTAIENT LÀ DES CONCEPTS <u>MÉTAPHYSIQUES</u> ET <u>MÉCANISTES</u>....

ENCORE CE MACHIN....!!!

A LEURS YEUX LE PEUPLE N'A PAS D'EXISTENCE = SEULS EXISTENT LES "HÉROS" QUI LE CONDUISENT (ROIS, CAPITAINES, PROPHÈTES ET PHILOSOPHES). CE SONT EUX LA FORCE MOTRICE DE L'HISTOI- RE. TOUJOURS D'APRÈS EUX LES FESSES DE CLÉÔPATRE ONT JOUÉ UN PLUS GRAND RÔLE QUE LE PEUPLE ÉGYPTIEN ENTIER.....

....AINSI L'HOMME NE SERAIT PAS MAÎTRE DE SON DESTIN MAIS LE JOUET D'UNE SÉRIE INTERMINABLE DE HASARDS....

JE VEUX BIEN !...

POUR CONTINUER AVEC LA PHILOSOPHIE ANTÉRIEURE À MARX, NOUS ALLONS PASSER À

L'EMPIRISME
DE LOCKE, BERKELEY ET HUME.

LOCKE (JOHN),

ANGLAIS, OPPOSÉ AU "DROIT DIVIN" DU ROI, À L'INFAILLIBILITÉ (VÉRITÉ ABSOLUE) DE LA RELIGION ET DES DOGMES DE L'ÉGLISE. C'ÉTAIT, LUI AUSSI, UN MATÉRIALISTE ATHÉE !

"AUCUN HOMME NE DOIT POSSÉDER PLUS QUE LES AUTRES, PUISQUE NOUS SOMMES TOUS ÉGAUX, DE LA MÊME ESPÈCE, ÉGAUX ENTRE NOUS ET ÉGAUX DANS LE DROIT DE PROFITER DES DONS DE LA NATURE."....

POUR LOCKE, L'HOMME DOIT SUIVRE SA PROPRE IDÉE DE DIEU, PAS CELLE DE LA RELIGION, QUELLE QU'ELLE SOIT..... UNE VRAIE BOMBE QUI TOMBA SUR LA TÊTE DES PRÊTRES. UN PHILOSOPHE IDÉALISTE, GEORGE BERKELEY, ÉVÊQUE ANGLICAN, ESSAYA DE RÉFUTER LES THÉORIES DE LOCKE, SANS Y PARVENIR, CAR UN AUTRE PHILOSOPHE VEILLAIT.....

DAVID HUME 1711-1776

AGNOSTIQUE, C'EST-À-DIRE DÉFENSEUR DE L'IDÉE QUE RIEN N'EST CERTAIN, HUME SCANDALISA TOUTE L'ANGLETERRE PAR SES OPINIONS ANTI-RELIGIEUSES, IL DUT SE RÉFUGIER EN FRANCE, OÙ IL RENCONTRA UNE GRANDE AUDIENCE.....

61

LA FRANCE ÉTAIT LE CREUSET DES IDÉES LES PLUS AUDACIEUSES DU TEMPS= SA RÉBELLION GÉNÉRALISÉE CONTRE LA DICTATURE CLÉRICALE ET MONARCHIQUE DEVAIT DÉBOUCHER SUR LA RÉVOLUTION FRANÇAISE ET LE TRIOMPHE DE LA

RAISON

SUR LA RELIGION....

DES NOMS, DONNEZ DES NOMS!!

VOILÀ... VOLTAIRE, ROUSSEAU, DIDEROT, MONTESQUIEU, ROBESPIERRE, DANTON.....

PLUS QUE DES IDÉES PHILOSOPHIQUES, LA RÉVOLUTION FRANÇAISE RÉPANDIT DES IDÉES POLITIQUES DE LIBERTÉ, D'ÉGALITÉ ET DE FRATERNITÉ. A SON EXEMPLE, L'AMÉRIQUE SE LIBÉRA DE L'EUROPE.... ET L'EUROPE S'AFFRANCHIT DU POUVOIR PONTIFICAL.....

AINSI LE MONDE FUT-IL DÉLIVRÉ DU JOUG RELIGIEUX....

(ON VIT APPARAÎTRE ALORS DES SCIENCES NOUVELLES.)

EN OPPOSITION
AUX IDÉES
MATÉRIALISTES
DU XVIIIᵉ SIÈCLE
NAQUIT
LA PHILOSOPHIE
IDÉALISTE QUI
TROUVA SON
PRINCIPAL
CHAMPION
AVEC

KANT

ALLEMAND

(1724-1804).

Critik
der
reinen Vernunft

...

Immanuel Kant
Prof. der in Königsberg.

Riga,
verlegt Johann Friedrich Hartknoch
1781.

SON OEUVRE LA PLUS
CONNUE "CRITIQUE DE
LA RAISON PURE", LUI
COÛTA 15 ANS D'ANALYSE
CRITIQUE DE LA PENSÉE
HUMAINE. DANS CETTE
ÉTUDE, PARMI D'AUTRES
POINTS DIFFICILES, KANT
EXPOSE QUE :

"CHAQUE TENTATIVE,
SOIT SCIENTIFIQUE, SOIT
RELIGIEUSE, DE DÉFINIR
LA RÉALITÉ N'EST QU'UNE
PURE HYPOTHÈSE",...

TOUTE TENTATIVE D'APPRÉHEN-
DER LA CONNAISSANCE TRANS-
CENDANTALE EST VAINE ET
À CHAQUE THÈSE QUE PRO-
DUIT L'ESPRIT, ON PEUT
OPPOSER UNE ANTITHÈSE
TOUT AUSSI VALABLE.",...

"IL EST IMPOSSIBLE
DE PROUVER L'EXISTEN-
CE DE DIEU PAR DES
MOYENS NORMAUX",...

POUR KANT, IL NE SAURAIT
Y AVOIR DE MORALITÉ SANS
CROYANCE EN DIEU OU EN
L'IMMORTALITÉ. IL FALLAIT DONC
BIEN SUPPOSER L'EXISTENCE DE
DIEU, COMME UNE NÉCESSITÉ.....

(SI TOUT CE QUE NOUS AVONS DIT N'EST PAS TRÈS CLAIR, NE VOUS EFFRAYEZ PAS : C'ÉTAIT L'ÉPOQUE DE LA PHILOSOPHIE PURE QUE PERSONNE NE COMPRENAIT ET DONT PERSONNE NE S'OCCUPAIT...)

NOTRE INTENTION ÉTAIT D'ARRIVER À LA PHILOSOPHIE IDÉALISTE ALLEMANDE, POINT DE DÉPART DE MARX ET DONT SCHELLING, FICHTE ET HEGEL FURENT LES PRINCIPAUX TENANTS. AVEC EUX, LA PHILOSOPHIE FIT UN GRAND PAS ET REPRIT À SON COMPTE LE MEILLEUR DE LA PHILOSOPHIE GRECQUE = LA DIALECTIQUE, OU DOCTRINE DU DÉVELOPPEMENT DE L'HUMANITÉ.....

MÉTAPHYSIQUE, DIALECTIQUE, MATÉRIALISME, IDÉALISME, JE PERDS LA BOULE....

ON DEVIENT DINGUES!

MARX PENSAIT LA MÊME CHOSE = LA PHILOSOPHIE ÉTAIT DEVENUE UN ÉCHEVEAU INEXTRICABLE, IMPOSSIBLE À DÉBROUILLER. MARX S'ATTELA À LA BESOGNE POUR ARRIVER À FAIRE DE LA PHILOSOPHIE UNE SCIENCE EXACTE, SANS TOUT CE FATRAS DE SUPPOSITIONS, ET À LUI DONNER LES MOYENS PRATIQUES DE TRANSFORMER LE MONDE....

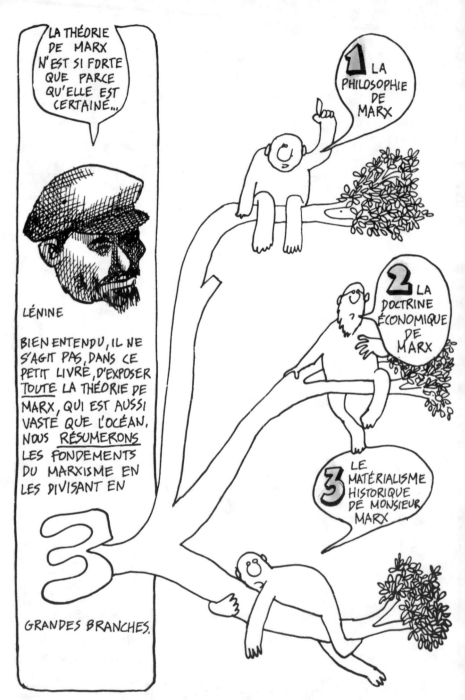

NOUS AVONS DÉJÀ VU
QUE LES IDÉES PHILOSO-
PHIQUES SONT DE DEUX
SORTES:

IDÉALISTE
ET
MATÉRIALISTE

L'IDÉALISME PART DU
PRINCIPE QU'IL EXISTE
DES FORCES SURNA-
TURELLES ET
DIVINES....

LE MATÉRIALISME
CONSIDÈRE QU'AU-DELÀ
DES CHOSES
NATURELLES, IL
N'Y A RIEN .....

L'IDÉALISME S'IMAGINE LES CHOSES,
SUPPOSE L'EXISTENCE DE DIEUX,
"IDÉALISE" TOUT, MAIS NE FOURNIT
PAS DE PREUVES DE CE QU'IL
AVANCE ....

LE MATÉRIALISME, LUI, N'IDÉALISE PAS
MAIS CHERCHE L'EXPLICATION
SCIENTIFIQUE DES CHOSES, Y COMPRIS
DE LA RELIGION .....

LA FOI SUFFIT
ELLE SEULE
PROGRESSE

POUR
ÊTRE
PLUS
SIMPLE...

(ÇA REVIENT À DIRE QU'UN
GÂTEAU EST BON SANS QU'ON
L'AIT GOÛTÉ ...)

LES IDÉALISTES S'EXPLIQUENT
LES CHOSES PAR LA <u>RELIGION</u>...

LES MATÉRIALISTES, EN SE
BASANT SUR LA <u>SCIENCE</u>.....

67

DÈS SON PREMIER ESSAI PHILOSOPHIQUE, MARX
SE RALLIA AU MATÉRIALISME ET CONSACRA
SA VIE À LUI DONNER UNE CONSISTANCE
ET UN CARACTÈRE SCIENTIFIQUE...

ALORS QU'AVANT LUI,
LES MATÉRIALISTES
SE CONTENTAIENT
DE NIER L'EXISTEN-
CE DE DIEU, UN
POINT C'EST TOUT
......

"GRÂCE À
DIEU", LES
ATHÉES,
FORT
NOMBREUX,
VOULAIENT
DÉMONTRER
LA NON-EXISTENCE
DE DIEU EN SE
BASANT SUR
LES ARGUMENTS
RELIGIEUX
EUX-MÊMES
ET CRÉAIENT
AINSI DES
CONFUSIONS
INUTILES....

ET MOI J
DIS QUE
EXISTE

LES XVIIᵉ ET XVIIIᵉ
SIÈCLES VOIENT NAITRE
LES PLUS GRANDES
DÉCOUVERTES DE
LA SCIENCE DANS
LE DOMAINE DES
MATHÉMATIQUES
ET DE LA MÉCANIQUE
DES CORPS CÉLESTES,
LE MATÉRIALISME
DEVIENT AINSI "MÉCANISTE"...
OU PLUTÔT LES PHILOSOPHES
MATÉRIALISTES
EXAMINENT ALORS
LES PHÉNOMÈNES
DE LA NATURE
ET LA VIE
SOCIALE SOUS
L'ANGLE DE
LA MÉCANIQUE

C'EST POUR CELA
QU'ON APPELLE
MÉCANISTES LES DIDE-
ROT, DESCARTES ET
BIEN D'AUTRES...

DIDERO

DESCA

EN S'APPUYANT SUR LA MÉCANIQUE QUI, À L'ÉPOQUE, ÉTAIT LE NEC PLUS ULTRA DE LA SCIENCE, LES PHILOSOPHES CROYAIENT QU'ON POUVAIT APPLIQUER AUTOMATIQUEMENT SES LOIS À LA VIE ET À LA NATURE......

LA NATURE EST IMMUABLE, ÉTERNELLEMENT SOUMISE AU MÊME PHÉNOMÈNE DE ROTATION QUE LES MACHINES*

*CE CRITÈRE PHILOSOPHIQUE EST DIT <u>MÉTAPHYSIQUE.</u>

POURQUOI MÉTAPHYSIQUE?

...PHYSIQUE, DU GREC = ...UI EST AU-DELÀ DE ...HYSIQUE"*; POUR ...MÉTAPHYSICIENS, ...CHOSES SONT IMMUABLES, ...ÉES UNE FOIS POUR ...ES, SANS RELATIONS ...RE ELLES ET PEUVENT ...E ÉTUDIÉES INDÉPENDAM-
...LES
...DES
...ES.
...SI
...NNAIT
...RBACH
...LE DE
...L...)

LA NATURE EST TOUJOURS SEMBLABLE. ELLE AUGMEN-TE SEULEMENT EN QUANTITÉ

QUI PENSAIT CELA DE LA NATURE LE PENSAIT AUSSI DE LA SOCIÉTÉ. POUR LA MÉTAPHYSIQUE, LA SOCIÉTÉ CHANGE PEU, TOUT SE RÉPÈTE DANS UN MOUVEMENT MÉCANIQUE = GUERRES, FAMINES, GOUVERNEMENTS...)

ET L'HOMME NE PEUT VRAIMENT RIEN CHANGER?

...L'ORIGINE, IL S'AGIT DES OEUVRES ...RISTOTE VENUES <u>APRÈS</u> SA "PHYSIQUE".

MARX, AYANT COMPRIS
L'ERREUR DES MATÉRIALISTES,
DES MÉTAPHYSICIENS ET
DES MÉCANISTES, SE
POSE LA MÊME
QUESTION:

ET L'HOMME ?

LAISSONS DE CÔTÉ DIEU ET CEUX QUI VEULENT SE RENDRE FOUS EN
CHERCHANT À SAVOIR S'IL EXISTE, OUI OU NON, DISAIT NOTRE PETIT
CHARLES, ET ÉTUDIONS L'HOMME ET SON RÔLE DANS L'HISTOIRE DU
MONDE! COMMENT EST-IL POSSIBLE QUE RIEN NE CHANGE?......

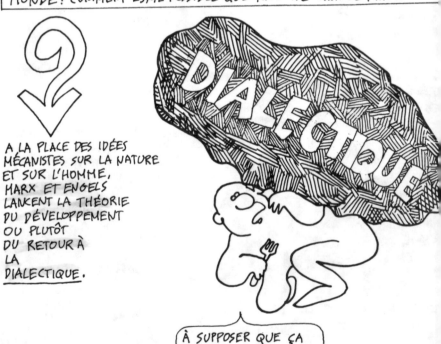

A LA PLACE DES IDÉES
MÉCANISTES SUR LA NATURE
ET SUR L'HOMME,
MARX ET ENGELS
LANCENT LA THÉORIE
DU DÉVELOPPEMENT
OU PLUTÔT
DU RETOUR À
LA
DIALECTIQUE.

DIALECTIQUE

À SUPPOSER QUE ÇA
SE MANGE, COMMENT
ÇA SE PRÉPARE?

DIALECTIQUE =
DU GREC "DIALOGUE"
FAIRE DE
LA POLÉMIQUE...

DÈS L'ANTIQUITÉ, QUELQUES PHILOSOPHES, POUR PARVENIR À LA VÉRITÉ, AVAIENT SYSTÉMATISÉ DANS LA DISCUSSION LA MISE EN ÉVIDENCE DES CONTRADICTIONS DANS LE RAISONNEMENT DE L'ADVERSAIRE ......

LA RELIGION (SURTOUT CATHOLIQUE), QUI N'ADMETTAIT PAS LA POLÉMIQUE S'OPPOSA À LA DIALECTIQUE = C'ÉTAIT COMME LE DISAIT LA BIBLE ET PAS DE DISCUSSIONS....

OU ALORS, C'EST À MOI QU'ON AVAIT À FAIRE....

KANT ET HEGEL COMMENCÈRENT À UTILISER LA DIALECTIQUE, MAIS HEGEL SE MÉPRIT AU DÉPART :

"... SON HORIZON S'ÉTAIT BORNÉ À LA BASE AUX CONNAISSANCES ET AUX CONCEPTIONS DE SON ÉPOQUE."
IL FAUT AJOUTER QUE HEGEL ÉTAIT IDÉALISTE = POUR LUI, LES IDÉES N'ÉTAIENT PAS LES REPRÉSENTATIONS, PLUS OU MOINS ABSTRAITES, DES OBJETS ; AU CONTRAIRE, LES CHOSES ET LEUR DÉVELOPPEMENT N'ÉTAIENT QU'UNE PROJECTION DES IDÉES EXISTANT, ON NE SAIT COMMENT, AVANT MÊME QUE LE MONDE SOIT. LE SYSTÈME DE HEGEL FUT UN ÉNORME FIASCO, MAIS LE DERNIER DU GENRE. IL AVAIT FORMULÉ LE POSTULAT ESSENTIEL DE LA CONCEPTION HISTORIQUE, D'APRÈS LEQUEL L'HISTOIRE HUMAINE EST UN PROCESSUS DE DÉVELOPPEMENT QUI NE PEUT PAR SA NATURE....

TU AS COMPRIS ?

MOI ? RIEN !

71

EN SUBSTANCE =

LA PHILOSOPHIE DE HEGEL PRÉSENTE DE NOMBREUX ASPECTS VALABLES = AINSI SA THÉORIE DU MOUVEMENT PERPÉTUEL ET DU DÉVELOPPEMENT DE L'ESPRIT UNIVERSEL... ET SURTOUT SA **DIALECTIQUE** IL CONSIDÉRAIT QUE LA LOI DIALECTIQUE EST LA SEULE À DÉTERMINER LE DÉVELOPPEMENT DE L'ESPRIT, MAIS N'INTERVIENT PAS SUR CELUI DE LA NATURE ET DE LA SOCIÉTÉ !.....

C'EST QUOI CE TRUC ?

BEN.... REGARDE !

POUR LA MÉTHODE DIALECTIQUE, IL N'Y A RIEN D'ÉTERNEL ET D'IMMUABLE..... MALGRÉ CELA, HEGEL NIE LE DÉVELOPPEMENT DE LA NATURE ET DE LA SOCIÉTÉ = C'EST LA CONTRADICTION LA PLUS GRAVE DE SA DIALECTIQUE ....

UN EXEMPLE S.V.P. QUE J'ARRIVE À COMPRENDRE !

TENTONS DE DÉBROUSSAILLER = HEGEL ÉTAIT UN PHILOSOPHE IDÉALISTE. "L'ESSENCE DU MONDE, DISAIT-IL, N'EST PAS LA MATIÈRE, MAIS L'ESPRIT, CE DERNIER EST DONC INDÉPENDANT ET, PAR LÀ, LIBRE."...

BON! EXPLIQUE MOI UN PEU....

D'ACCORD! D'APRÈS HEGEL, L'HOMME PEUT SE SENTIR LIBRE, MÊME DANS LES CHAÎNES....

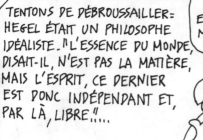

IL CONSEILLERAIT À L'OUVRIER EXPLOITÉ PAR SON PATRON DE NE PAS SE PRÉOCCUPER DE L'OPPRESSION MATÉRIELLE, MAIS PLUTÔT DE CELLE DE L'ESPRIT. EN OBÉISSANT À L'ÉTAT (REPRÉSENTANT DE DIEU) IL TROUVERAIT LE BONHEUR ET LA LIBERTÉ (EN ESPRIT).

QU'EST-CE QU'IL RACONTE CE CON-LÀ?....

AUJOURD'HUI LES IDÉES DE HEGEL SEMBLENT ABSURDES, MAIS À L'ÉPOQUE, ON LES TENAIT POUR AUDACIEUSES ET ON LES ATTAQUA, CAR ELLES ÉTAIENT DIALECTIQUE À LEUR MANIÈRE.

DIALECTIQUES OUI, MAIS IDÉALISTES....

CELA FIT DIRE À MARX QUE POUR HEGEL LA DIALECTIQUE ÉTAIT "À L'ENVERS," ET QU'IL FALLAIT LA REMETTRE SUR SES PIEDS .....

EN UN MOT, LA RENDRE MATÉRIALISTE...

QUE DISAIT LA THÉORIE HÉGÉLIENNE DU DÉVELOPPEMENT?

ALLONS-Y DOUCEMENT.

LE DÉVELOPPEMENT DE
L'HUMANITÉ, DISAIT HEGEL,
EST EN ÉVOLUTION CONSTANTE.
DU DESPOTISME ORIENTAL PRIMITIF
OÙ UN SEUL ÊTRE ÉTAIT LIBRE
(LE TYRAN), ON PASSA AU RÉGIME
ARISTOCRATIQUE GRÉCO-ROMAIN
OÙ LES ÊTRES LIBRES
ÉTAIENT PLUS NOMBREUX...

PLUS TARD, L'ESCLAVAGE ET LE SERVAGE DISPARURENT ET IL Y EUT
ENCORE PLUS DE GENS LIBRES.... APRÈS LE SAINT-EMPIRE ROMAIN
GERMANIQUE, LA FÉODALITÉ, LA MONARCHIE ET LA RÉVOLUTION
FRANÇAISE, L'HUMANITÉ AVAIT OBTENU, AVEC L'AVÈNEMENT DE
L'ÉTAT PRUSSIEN LA LIBERTÉ ABSOLUE, DU MOINS, SELON
HEGEL.

IL ME PLAÎT
CE PETIT HEGEL:
DONNEZ-LUI
DONC LE GRAND
PRIX NATIONAL!

EN PRUSSE, IL Y AVAIT UN EMPEREUR, UNE ARMÉE, UNE ÉGLISE TRÈS
RICHE ET QUELQUES DOUZAINES DE PROPRIÉTAIRES FONCIERS. LE
PEUPLE TRAVAILLAIT POUR EUX, SANS ÊTRE ESCLAVE CERTES, MAIS TOUT
DE MÊME SOUS LA CONTRAINTE. HEGEL NE S'EN RENDAIT PAS COMPTE
ET PENSAIT QUE LÀ OÙ IL N'Y A PLUS D'ESCLAVES, IL Y A LA LIBERTÉ ABSOLUE

EN RÉALITÉ LA FÉODALITÉ AVAIT CÉDÉ LENTEMENT LA PLACE AU CAPITALISME, FORME PLUS SUBTILE ET PLUS MODERNE D'EXPLOITATION.

À LAQUELLE LE DR. HEGEL NE PRÊTAIT AUCUNE ATTENTION....

MAIS MARX SI!

HEGEL PARLAIT DU DÉVELOPPEMENT DE L'HUMANITÉ TOUT EN LE NIANT QUAND IL PRÉTENDAIT QUE CE DÉVELOPPEMENT ÉTAIT DÉJÀ COMMENCÉ DANS L'ÉTAT PRUSSIEN. IL RETOMBAIT AINSI DANS LA MÉTAPHYSIQUE...

...COMME N'IMPORTE LEQUEL DE NOS MINISTRES!

LES RAISONNEMENTS DE HEGEL, TOUS VALABLES ET PARFAITEMENT DIALECTIQUES, ÉTAIENT ERRONÉS DANS LEUR APPLICATION.... EXAMINONS, POUR VOIR, LA "LUTTE DES CONTRAIRES"...

"CHAQUE CHOSE EST UN ENSEMBLE DE CONTRAIRES, EN CE SENS QU'ELLE EST COMPOSÉE D'ÉLÉMENTS QUI, BIEN QUE LIÉS ENTRE EUX, SE DÉTRUISENT LES UNS LES AUTRES"

POUR NE PAS PERDRE LES PÉDALES, DONNONS UN EXEMPLE:

75

LA SOCIÉTÉ EST UN ENSEMBLE DE CONTRAIRES (RICHES ET POSSÉDANTS, PAUVRES ET MISÉRABLES) TOUS LIÉS ENTRE EUX, MAIS TOUS EN OPPOSITION...

POUR RESTER ENSEMBLE IL FAUT DRÔLEMENT Y METTRE DU SIEN

HEGEL DISAIT, AVEC JUSTE RAISON, QUE LA LUTTE DES CONTRAIRES CRÉE LE DÉVELOPPEMENT DE L'HUMANITÉ ET QUE LES MUTATIONS SONT AMENÉES PAR LE TRIOMPHE DE L'UN DES CAMPS...

MAIS IL N'APPLIQUAIT PAS CETTE LOI DIALECTIQUE À LA RÉALITÉ...

LE BIZARRE DE L'AFFAIRE, C'EST QUE DANS L'ÉTAT PRUSSIEN, LA LUTTE DES CONTRAIRES NE SE MENAIT PAS POUR TRANSFORMER LA SOCIÉTÉ MAIS SEULEMENT POUR L'AMÉLIORER ET, AUX YEUX DE HEGEL, C'ÉTAIT TRÈS BIEN COMME ÇA...

C'EST LÀ QU'INTERVIENT KARL MARX POUR REMETTRE D'APLOMB HEGEL ET SA DIALECTIQUE...

HEGEL

ENTRE DE VÉRITABLES CONTRAIRES, COMME LE CAPITAL ET LE TRAVAIL, IL NE PEUT Y AVOIR AUCUNE CONCILIATION. VU ?...

SI HEGEL INFLUENÇA MARX PAR SA DIALECTIQUE, LUDWIG FEUERBACH (ÇA SE PRONONCE FOIEURBAK) RENDIT NOTRE MARX MATÉRIALISTE. IL S'EMPLOYA, BIEN SÛR, A TRANSFORMER LA THÉORIE DE FEUERBACH...

QU'EST-CE QUE POUVAIT BIEN DIRE CETTE THÉORIE ET EN QUOI MARX L'A-T-IL TRANSFORMÉE?

FEUERBACH, DISCIPLE DE HEGEL, RENONÇA À L'IDÉALISME HÉGÉLIEN ET DEVINT MATÉRIALISTE ET MÉTAPHYSICIEN, CAR IL VOYAIT LA NATURE, COMME LA SOCIÉTÉ, EN SOMMEIL, IMMOBILES ET MOMENTANÉMENT SANS PROCESSUS DE CHANGEMENT, OU ENCORE:

HEGEL ÉTAIT DIALECTIQUE MAIS IDÉALISTE..., ET FEUERBACH ÉTAIT MATÉRIALISTE MAIS MÉTAPHYSICIEN... (PAS DIALECTIQUE)

MARX PRIT LE MEILLEUR DE L'UN ET DE L'AUTRE, LES MÉLANGEA ET EN RECUEILLIT LES ASPECTS FONDA-MENTAUX, ÉLABORANT AINSI SON FAMEUX:

MATÉRIALISME DIALECTIQUE
(MATÉRIALISME DE FEUERBACH ET DIALECTIQUE DE HEGEL)

AAAAH! MARX A FAIT UNE FUSION!

NON! MARX A AMÉLIORÉ, CORRIGÉ, ENRICHI...

COMME NOUS L'AVONS NOTÉ, HEGEL NE VOYAIT PAS, OU NE VOULAIT PAS VOIR L'EXPLOITATION DU PLUS GRAND NOMBRE PAR UNE MINORITÉ DE RICHES PRIVILÉGIÉS. VOICI LA PREMIÈRE QUESTION QUE SE POSA LE JEUNE MARX...

LE TRAVAIL ALIÈNE LES TRAVAILLEURS, MAIS DE QUELLE FAÇON ET POURQUOI ?

ALIÉNER SIGNIFIE PRIVER DE LA PROPRIÉTÉ D'UNE CHOSE, ENLEVER À QUELQU'UN CE QUI LUI APPARTIENT

LE TRAVAIL EXÉCUTÉ POUR UN PATRON FAIT GAGNER DE L'ARGENT À L'OUVRIER, MAIS, EN MÊME TEMPS, "L'ALIÈNE", LE PRIVE DE CE QUI VA DANS LES POCHES DU PATRON...

C'EST QUOI ?

DANS SON PREMIER OUVRAGE, MARX COMMENCE À ÉTUDIER L'ALIÉNATION, OU PLUTÔT LES DIFFÉRENTS TYPES D'ALIÉNATION = POLITIQUE, RELIGIEUSE ET ÉCONOMIQUE.

CET OUVRAGE S'APPELLE = "MANUSCRITS DE 1844"

MARX SE DEMANDE : OÙ VA LE PRODUIT DU TRAVAIL D'UN OUVRIER ?

AVEC SON TRAVAIL, UN OUVRIER CRÉE UN OBJET (TISSU, MACHINE, UN PNEU, UN LIVRE, UN FOURNEAU...) MAIS CET OBJET RESTE LA PROPRIÉTÉ DE SON PATRON ET SE CONVERTIT, (NI VU, NI CONNU!) EN MARCHANDISE...

L'OUVRIER COMMENCE À ÊTRE PRESSURÉ, ALIÉNÉ

CE TRAVAIL N'EST DONC PAS LA PRODUCTION D'UNE CHOSE QUI BÉNÉFICIE À CELUI QUI L'A VRAIMENT FAITE MAIS APPORTE DE L'EAU AU MOULIN D'UN AUTRE.

'ALIÉNATION DE L'OUVRIER CONSISTE DANS LE FAIT QUE PLUS IL PRODUIT OINS IL PEUT CONSOMMER, PLUS IL CRÉE DE VALEUR ET MOINS IL A E DIGNITÉ... LE TRAVAIL PRODUIT TOUT POUR LES RICHES ET SEULEMENT A MISÈRE POUR LES PAUVRES. AVEC L'INTERVENTION DES MACHINES, N RÉDUIT L'EMPLOI ET LES OUVRIERS DEVIENNENT LES ESCLAVES DE CES OUVEAUX MAÎTRES (C'EST AINSI QUE L'ALIÉNATION FAIT SES VICTIMES).

'ALIÉNATION NE SE CONTENTE PAS D'AVILIR 'HOMME, ELLE LE PÉPERSONNALISE. SUIVANT MARX, LE PATRON MPOSE LE TRAVAIL, LA FAÇON DE LE FAIRE ET ES CADENCES, SANS JAMAIS TENIR COMPTE DE L'OUVRIER QUI DEVIENT AINSI...

"UN APPENDICE DE CHAIR DANS UNE MACHINE DE FER"... (MARX)

MARX VA ENCORE PLUS LOIN EN DISANT: "L'ENSEMBLE DES MOYENS DE PRODUCTION EXISTANTS EST LE PRODUIT DU TRAVAIL DES PRÉCÉDENTES GÉNÉRATIONS QUI ONT PENSÉ, CRÉÉ ET FAIT LE SACRIFICE DE LEUR VIE POUR ATTEINDRE LEUR BUT"...

A QUI APPARTIEN- NENT LES INVEN- TIONS DE GALILÉE DE NEWTON, DE LÉONARD DE VINCI, DE COPERNIC ET DE MILLIERS D'AUTRES?

DÉFENSE D'ENTRER PROPRIÉTÉ PRIVÉE

EST-IL JUSTE QUE TOUT CELA SOIT LA PROPRIÉTÉ D'UNE MINORITÉ ET NON DE TOUS? L'INVENTI ET LE TRAVAIL DE MILLIERS D'ANNÉES POUR L'UNIQUE BÉNÉFICE DE QUELQUES RICHES NON CE N'EST PAS JUSTE.

LA PROPRIÉTÉ PRIVÉE DES MOYENS DE PRODUCTION EST LA FORME MAXIMA DE L'ALIÉNATION

"LE POUVOIR SOCIAL EST DEVENU LE POUVOI PRIVÉ D'UNE MINORITÉ, DIT ENCORE MARX. LE TRAVAIL DU PLUS GRAND NOMBRE SE TRANSFORME EN CAPITAL POUR QUELQUES PRIVILÉGIÉS.

LES RACINES DU CAPITALISME!!

AINSI, CONCLUT MARX, L'ÊTRE PROFOND DE L'HOMME, SON ACTE CRÉATEUR S'EST TRANSFORMÉ EN <u>POSSESSION</u>...

AUX MAINS DU PROPRIÉTAIRE, LE TRAVAIL DE L'OUVRIER SE TRANSFORME EN MARCHANDISE, EN TRAVAIL MORT, EN POSSESSION, EN RICHESSE ET PLUS LA PROPRIÉTÉ DU CAPITALISTE S'ACCROÎT, PLUS S'APPAUVRIT L'<u>ÊTRE</u> DU TRAVAILLEUR...

"MOINS TU SERAS, PLUS TU AURAS. POUR AVOIR PLUS, TU DOIS T'ALIÉNER" BON À RIEN!!!

QUI SE TRANSFORME EN OBJET...

CETTE "LIBERTÉ" BÉNIE DONT PARLAIT HEGEL N'EXISTE DONC PAS: L'ARGENT OBLIGE CELUI QUI N'EN A PAS À SE VENDRE OU À VENDRE SA FORCE DE TRAVAIL (OUVRIÈRE, PAYSANNE, INTELLECTUELLE) C'EST CELA L'ALIÉNATION, L'EXPLOITATION!...

81

POUR POSSÉDER, LUI AUSSI, L'HOMME SE VEND À CELUI QUI POSSÈDE SANS SE RENDRE COMPTE QUE PLUS IL ACQUIERT, PLUS IL SE PERD...

LUI AUSSI ASPIRE À LA PROPRIÉTÉ ET LE BUT DE SA VIE DEVIENT: POSSÉDER TOUJOURS DAVANTAGE...

ADIEU HOMO SAPIENS...

ET POURTANT LA DÉFENSE DE LA PROPRIÉTÉ ENGENDRE TELLEMENT DE MAUX: L'ENVIE, LES GUERRES, L'ÉGOÏSME, LE VOL, LES CRIMES, L'INJUSTICE, LA MISÈRE POUR PRESQUE TOUS ET LA RICHESSE POUR BIEN PEU...

J'AI L'IMPRESSION QUE CE MARX VA NOUS CRÉER PAS MAL D'ENNUIS...

QUE FAIRE POUR CHANGER CET ÉTAT DE CHOSES ?

IMPOSSIBLE! COMMENT S'EN TIRER AVEC LES RICHES, LE POUVOIR ET L'ÉGLISE?...

MARX ÉTABLIT L'EXISTENCE D'UNE "NOUVELLE" CLASSE SOCIALE:

LE PROLÉTARIAT

QUI, NÉ AU COMMENCEMENT DE LA RÉVOLUTION INDUSTRIELLE AVEC L'ARRIVÉE DES MACHINES REMPLAÇA L'ANCIEN ARTISANAT...

PROLÉTAIRE = CELUI QUI EST AU SERVICE DE LA MACHINE DU PATRON...

MARX PRÉVOYAIT QUE CETTE CLASSE, LA CLASSE OUVRIÈRE CHANGERAIT PAS MAL DE CHOSES...

COMMENT ET AVEC QUELLES FORCES ?

A LA DIFFÉRENCE DES PETITS ARTISANS QUI ÉTAIENT PROPRIÉTAIRES DE LEURS INSTRUMENTS DE TRAVAIL, DE LEUR TRAVAIL ET DU PRODUIT QU'ILS CRÉAIENT, LE PROLÉTARIAT NE POSSÈDE RIEN...

ET ENCORE MOINS NOTRE TRAVAIL...

ONTRAIREMENT À TOUTES LES AUTRES ASSES SOCIALES, LA CLASSE UVRIÈRE POSSÈDE NIQUEMENT SA **ORCE DE TRAVAIL** E QUE L'ON APPELLE COMMUNÉMENT LA "MAIN-D'OEUVRE".

DIALECTIQUEMENT, ON PEUT DÉFINIR AINSI LA LUTTE DES CONTRAIRES: D'UN CÔTÉ LE CAPITAL, DE L'AUTRE LE TRAVAIL. ILS VIVENT ENSEMBLE, MAIS LEURS INTÉRÊTS SONT OPPOSÉS...

LE PROBLÈME EST CERNÉ, IL FAUT
LE DÉMONTRER SANS SE PERDRE
EN DIGRESSIONS PHILOSOPHIQUES
QUE PERSONNE NE
COMPREND...

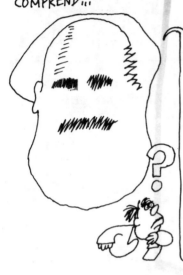

La propriété privée nous a rendus si sots et si bornés qu'un objet n'est *nôtre* que lorsque nous l'avons, qu'[il] existe donc pour nous comme capital ou qu'il est immédiatement possédé, mangé, bu, porté sur notre corps, habité par nous, etc., bref qu'il est *utili* par nous (...).

A la place de *tous* les sens physiques et intellectuels donc apparue la simple aliénation de *tous* ces sens, l sens de l'*avoir*. L'être humain devait être réduit à ce pauvreté absolue, afin d'engendrer sa richesse intérieure en partant de lui-même (...).

Tant que l'homme ne se reconnaît pas comme homm et n'a donc pas organisé le monde humainement, cet *communauté* apparaît sous la forme de l'*aliénation*.. C'est donc une proposition identique de dire que l'*homme* s'aliène lui-même et de dire que la *société* cet homme aliéné est la caricature de sa *communaut* *réelle,* de sa vie générique vraie... *("M. DE 1844"*

DANS SES "MANUSCRITS", MARX, C'EST VRAI, S'EXPRIME ENCORE COMME
UN PHILOSOPHE PUR, SANS CONTACTS AVEC LA CLASSE OUVRIÈRE,
QU'IL EST EN TRAIN DE DÉCOUVRIR. IL N'Y VERRA VRAIMENT
CLAIR QU'EN SURMONTANT SES CONCEPTIONS BOURGEOISES ET EN
OBSERVANT TOUT SOUS L'ANGLE DU PROLÉTARIAT...

LA RAISON EN EST SIMPLE:
LA PHILOSOPHIE DE L'ÉPOQUE
EST BOURGEOISE, PAS PROLÉTAIRE
UNE PHILOSOPHIE POUR
QUELQUES INITIÉS...

LA CLASSE
OUVRIÈRE
N'A PAS DE
PHILOSOPHIE!

C'EST CE QUE PENSAIT
MARX ET IL PASSA SA
VIE À CRÉER UNE
PHILOSOPHIE DU
PROLÉTARIAT...

ELLE DOIT ÊTRE
MATÉRIALISTE ET
DIALECTIQUE...

"COMME LA PHILOSOPHIE A, DANS LE PROLÉTARIAT,
SON INSTRUMENT MATÉRIEL, AINSI LE PROLÉTARIAT A,
DANS LA PHILOSOPHIE, SON INSTRUMENT SPIRITUEL...
LA PHILOSOPHIE NE POURRA SE RÉALISER SANS L'ABO-
LITION DU PROLÉTARIAT ET LE PROLÉTARIAT NE
POURRA ÊTRE ABOLI SANS LA RÉALISATION DE LA
PHILOSOPHIE."

IL FALLAIT SAVOIR CE
QUE PENSAIT LE PRO-
LÉTARIAT, VIVRE AVEC
LUI POUR JOINDRE
LA PRATIQUE À LA
THÉORIE... LE PAYS
OÙ LA PRATIQUE
RÉVOLUTIONNAIRE
ÉTAIT LA PLUS
AVANCÉE, C'ÉTAIT LA

FRANCE

OÙ ÉTAIT NÉE EN
1789 LA PREMIÈRE
GRANDE RÉVOLUTION
DE L'HISTOIRE
HUMAINE : LA

RÉVOLUTION
FRANÇAISE

COMME NOUS L'AVONS DÉJÀ VU (ET SANS DOUTE OUBLIÉ), LE MARXISME A TROIS SOURCES FONDAMENTALES:

3

LA PHILOSOPHIE ALLEMANDE

L'ÉCONOMIE POLITIQUE ANGLAISE

LE SOCIALISME FRANÇAIS

NOUS AVONS ÉTUDIÉ LES ORIGINES PHILOSOPHIQUES. JETONS UN RAPIDE COUP D'OEIL SUR LE SOCIALISME FRANÇAIS EN COMMENÇANT PAR:

GRACCHUS BABEUF (TRÈS HEUREUX "!)

1760 1797

QUAND LA RÉVOLUTION FRANÇAISE FUT MORTE ET ENTERRÉE, UN PETIT GROUPE DE JACOBINS SE RECONSTITUA SOUS LE NOM DE "CONSPIRATION DES ÉGAUX". ILS ENTENDAIENT CONTINUER LA LUTTE POUR S'EMPARER DU POUVOIR PAR LES ARMES ET ÉTABLIR UN RÉGIME SOCIALISTE.

A QUEL TYPE DE SOCIALISME PENSAIENT-ILS ?

ON NE LE SAIT PAS TRÈS EXACTEMENT. EN GROS, EXPROPRIER PUIS DISTRIBUER ÉGALEMENT LES RICHESSES, INSTAURER LA PROPRIÉTÉ COMMUNE, TRAVAIL ET ÉDUCATION OBLIGATOIRES POUR TOUS... MAIS LA CONSPIRATION FUT DÉCOUVERTE ET BABEUF PASSA EN JUGEMENT.

EN FRANCE, IL Y EUT ENCORE D'AUTRES TENTATIVES
SOCIALISTES, SOUS LE RÈGNE DE NAPOLÉON, MAIS
ELLES FURENT SEULEMENT THÉORIQUES: CELLES DE

SAINT-SIMON
&
FOURIER

APPELÉS "SOCIALISTES UTOPIQUES", CAR
ON TENAIT POUR IRRÉALISABLE CE
QU'ILS VOULAIENT FAIRE:

METTRE FIN À LA
DOMINATION DES OISIFS
(NOBLESSE, CLERGÉ, ARMÉE)

ORGANISER UNE SOCIÉTÉ NOU-
VELLE, DIRIGÉE PAR LES INDUS-
TRIELS. PROMOUVOIR LE BIEN-
ÊTRE DE LA CLASSE PAUVRE...

PLANIFIER L'ÉCONO-
MIE SOUS LA DIRECTION
DE LA GRANDE
BANQUE...

FONDER UNE NOUVELLE
RELIGION, QUI RECONNAIS-
SE LE TRAVAIL COMME SEUL
MÉRITE DE L'HOMME

SAINT
SIMON

87

A LA MORT DE SAINT-SIMON, SES DISCIPLES FONDÈRENT RÉELLEMENT UNE RELIGION AVEC SA LITURGIE, SES RITES ETC. LA THÉORIE DE SAINT-SIMON N'AVAIT AUCUNE BASE SCIENTIFIQUE ET NE CONNAISSAIT PAS LA LUTTE DE CLASSES...

LA MORALE RELIGIEUSE SUFFIT À ÉLIMINER LES INÉGALITÉS SOCIALES

FOURIER

A LA DIFFÉRENCE DE L'ARISTOCRATIQUE SAINT-SIMON, IL ÉTAIT PAUVRE ET PASSA SON EXISTENCE À ESSAYER DE CONVAINCR LES RICHES DE FINANCER SES PROJETS...

IL ÉTAIT PAS BIEN! FAIRE SORTIR DE L'ARGENT AUX RICHES POUR DES TRUCS CONTRAIRES À LEURS INTÉRÊTS!...

QU'EST-CE QU'IL VOULAIT FAIRE EXACTEMENT?

PRESQUE RIEN! CONSTRUIRE UN SYSTÈME "COMMUNISTE" DE PETITES COMMUNAUTÉS, OÙ TOUT APPARTIENNE À TOUS AVEC DES MAISONS COMMUNES ET DES COOPÉRATIVES DE CONSOMMATION. POUR ÉVITER L'ENRICHISSEMENT PROGRESSIF, LES RICHES AURAIENT TOUCHÉ MOINS D'ARGENT QUE LES PAUVRES, AUXQUELS ON AURAIT DONNÉ DAVANTAGE (POUR ÉQUILIBRER LES RICHESSES). EN FAIT IL FONDA QUELQUES-UNES DE CES COMMUNAUTÉS (LES "PHALANSTÈRES").IL DEVAIT FINIR SES JOURS À L'ASILE D'ALIÉNÉS...

✳ CERTAINES DE SES IDÉES MÉRITENT POURTANT CONSIDÉRATION. AINSI, L'ÉLIMINATION DE LA CONCURRENCE ENTRE PRODUCTEURS POUR LES EMPÊCHER DE PRODUIRE À TORT ET À TRAVERS DES CHOSES INUTILES OU DES ARTICLES DE LUXE...

MARX (ET LÉNINE) REPRIRENT QUELQUES-UNES DES IDÉES DE SAINT-SIMON ET DE FOURIER, MAIS CE SONT TROIS AUTRES "SOCIALISTES" FRANÇAIS QUI LEUR APPORTÈRENT LE PLUS:

AUGUSTE BLANQUI (1805-1881) * NOUS N'AVONS PAS TROUVÉ SON PORTRAIT ...

PARTISAN DE LA LUTTE DE CLASSES ET DE LA RÉVOLUTION ARMÉE, IL PASSA 33 ANS EN PRISON. IL FUT LE PREMIER À PARLER DE DICTATURE DU PROLÉTARIAT, MÊME MINORITAIRE, ET NON COMME LE DISAIT MARX MAJORITAIRE...

BLANQUI
PROUDHON
ET
BLANC

ANARCHISTE ET SYNDICALISTE, IL ÉTAIT ANTI-FÉMINISTE OPPOSÉ À LA LIBÉRA-TION DE LA FEMME DES SERVITUDES DOMESTIQUES. IL FUT LE FONDATEUR DE LA SOCIÉTÉ DE SE-COURS MUTUELS. "LA PROPRIÉTÉ C'EST LE VOL".

PROUDHON
1809-1865

BLANC

LEADER OUVRIER, THÉO-RICIEN D'UN SOCIALISME BASÉ SUR LES ÉLECTIONS ET LES ASSEMBLÉES LÉGIS-LATIVES ET NON SUR LA RÉVOLUTION VIOLENTE, SA PHRASE LA PLUS FAMEUSE EST: "DE CHACUN SUIVANT SES CAPACITÉS; À CHACUN SUIVANT SES BESOINS"

1811
1882

MARX LES FRÉQUENTA TOUS À PARIS ET LUTTA POUR LEUR DÉMONTRER LEURS ERREURS: CERTAINS PÉCHAIENT PAR AVENTURISME, D'AUTRES NE COMPRENAIENT PAS LES THÉORIES DE MARX ET LES TENAIENT POUR "UNE FOLIE IRRÉALISABLE OU TROP RADICALE..."

> CE MARX EST VRAIMENT CINGLÉ! AVANT DE VOIR CE QU'IL PRÉDIT, JE SERAI GÂTEUX...

> L'ERREUR FONDAMENTALE DE TOUS CES "SOCIALISTES UTOPIQUES" ET ANARCHISTES FUT LE MANQUE DE PRÉPARATION ET DE VUES À LONGUE ÉCHÉANCE, LE MÉPRIS DE L'ÉTUDE ET DE L'ORGANISATION LENTE ET MÉTHODIQUE ET LA NÉGATION DE LA THÉORIE DU DÉVELOPPEMENT HISTORIQUE PAR LA LUTTE DE CLASSES...

> ILS NE COMPRENNENT PAS LA LUTTE DE CLASSES! ILS PENSENT QUE LA SOCIÉTÉ EST UNE GRANDE FAMILLE UNIE...

FAMILLE?? UNE SACRÉE FAMILLE? HUMMM...

AUX "MANUSCRITS" PARISIENS, MARX
AJOUTE UNE AUTRE ÉTUDE AU
TITRE CURIEUX=

LA SAINTE FAMILLE

Die heilige Familie,

oder

Kritik

der

kritischen Kritik.

Gegen Bruno Bauer & Consorten.

Von

Friedrich Engels und Karl Marx.

"CRITIQUE DE LA CRITIQUE CONTRE BRUNO BAUER ET Cⁱᵉ."

DANS CE LIVRE,
ÉCRIT AVEC ENGELS,
MARX MET EN LUMIÈRE
LA LUTTE DES CONTRAIRES
QUE SE LIVRENT
CAPITAL ET TRAVAIL
DANS LA SOCIÉTÉ
CAPITALISTE, LA
RÉVOLTE INÉVITABLE
DE LA CLASSE
OUVRIÈRE, LA
DÉFAITE DE LA
BOURGEOISIE QUI
DOIT S'ENSUIVRE,
SOMME TOUTE,
LA LUTTE
DE CLASSES...

CETTE
THÈSE
FUT
CONTESTÉE
DANS LE
MONDE
ENTIER...

←

AU LIEU
DE LA
LUTTE DE
CLASSES, LE
CAPITAL
PRÔNA

"L'ALLIANCE
POUR LE
PROGRÈS"...

TRAVAIL & CAPITAL

THE REAL "UNION.

THE AMERICAN TWINS.
"United we stand, Divided we fall."

91

DU RESTE, LA LUTTE DE CLASSES N'EST PAS UNE INVENTION DE MARX. ELLE A TOUJOURS EXISTÉ (ET EXISTERA TOUJOURS) DEPUIS QUE LE MONDE EST MONDE...

A ROME, IL Y AVAIT LES PATRICIENS, LES CHEVALIERS, LA PLÉBE ET LES ESCLAVES...

(MARX, CEPENDANT, NOUS DIT QU'ELLE N'EXISTERA PAS TOUJOURS COMME NOUS LE VERRONS PLUS LOIN...)

AU MOYEN AGE, IL Y AVAIT LES SEIGNEURS FÉODAUX, LES VASSAUX, LES MAÎTRES ARTISANS, LES OFFICIERS ET LES APPRENTIS...

"LA SOCIÉTÉ BOURGEOISE MODERNE NÉE DU DÉPASSEMENT DE LA SOCIÉTÉ FÉODALE, N'A PAS ÉLIMINÉ L'ANTAGONISME DE CLASSES, MAIS A DONNÉ NAISSANCE À DE NOUVELLES CLASSES, À DE NOUVELLES OCCASIONS D'OPPRESSION, À DE NOUVELLES FORMES DE LUTTE... LA SOCIÉTÉ TEND À SE DIVISER EN DEUX GRANDES CLASSES: BOURGEOISIE ET PROLÉTARIAT."

MARX ÉCRIVAIT CELA EN 1848 ET NE CROYEZ PAS QU'IL SE TROMPAIT. SON ÉPOQUE ÉTAIT BIEN DIFFÉRENTE DE L'ÉPOQUE ACTUELLE...

L'IMPORTANT EST DE SAVOIR QUE CHAQUE CLASSE SOCIALE A SES PROPRES INTÉRÊTS ET QUE CHACUNE D'ELLES ENVISAGE L'ÉTAT ET LE GOUVERNEMENT SUIVANT SON PROPRE POINT DE VUE...

L'HARMONIE QUE PRÊCHENT CERTAINS "ESPRITS BÉATS" NE PEUT PAS EXISTER...

...ne niait pas ce qu'il devait aux autres. Ainsi, dans ...e lettre à Weydemeyer, datée du 5 mars 1852, il ...ivait :

...uant à moi, je ne m'attribue pas le mérite de la ...couverte des classes dans la société moderne, pas plus ...e la lutte de classes. Les historiens bourgeois ont ...liqué, bien avant moi, le développement historique ...la lutte entre classes et les économistes bourgeois ...us en ont fait l'analyse. Mon apport nouveau est ...voir démontré : 1) que l'existence des classes est liée ...x luttes spécifiques et historiques survenues dans le ...veloppement de la production ; 2) que la lutte de ...sses conduit inévitablement à la dictature du ...létariat ; 3) que cette dictature n'est qu'un passage ...nsitoire pour réaliser une société sans classes. »

ELLE NE PEUT PAS EXISTER PARCE QUE TANT QU'IL Y AURA UNE CLASSE QUI VIVRA EN EXPLOITANT L'AUTRE, ON LUTTERA POUR SE LIBÉRER DE CETTE EXPLOITATION...

ET CETTE LUTTE DE CLASSES EST NÉCESSAIRE AU PROGRÈS DE L'HUMANITÉ...

ON NE PEUT PAS PARCE QUE LE SYSTÈME CAPITALISTE A COMME OBJECTIF PRINCIPAL LE PROFIT, BASÉ SUR LA PROPRIÉTÉ PRIVÉE CELA NE S'OBTIENT QU'EN EXPLOITANT LE TRAVAIL DE LA CLASSE PROLÉTAIRE...

MARX DÉMONTRE AVEC PRÉCISION QUE DANS LE "NOUVEAU SYSTÈME"–
LE CAPITALISME– L'OUVRIER EST CONDAMNÉ À NE PROFITER
D'AUCUN DES AVANTAGES RÉSERVÉS À CEUX QUI POSSÈDENT LES
MOYENS DE PRODUCTION...

À QUI VONT LES GAINS DE CE QUE TU PRODUIS ?

À QUI ? MAIS AU PATRON, PARDI !...

ET POURQUOI SEULEMENT AU PATRON ?

'ES PROBLÈMES PHILOSOPHIQUES, MARX PASSA À CEUX AUXQUELS UN PHILOSOPHE
ST, EN PRINCIPE, TOTALEMENT ÉTRANGER. IL ESTIMAIT NÉCESSAIRE DE LES
ONNAÎTRE POUR POUVOIR DÉMONTRER SES THÉORIES, C'ÉTAIENT LES

problèmes économiques

LES SIENS SANS DOUTE !

IL EST TOUT DE MÊME CURIEUX
QUE M. MARX, INCAPABLE DE
RÉSOUDRE SES PROPRES
PROBLÈMES (SA FAMILLE
MOURAIT DE FAIM...),
AIT VOULU TROUVER UNE
SOLUTION À CEUX DE
MILLIONS D'OUVRIERS,
EXPLOITÉS À LONDRES,
PARIS, ROME, BRUXELLES,
BERLIN ET J'EN PASSE...

MARX VIVAIT DÉSORMAIS DANS
LA MISÈRE LA PLUS NOIRE
SANS SALAIRE ET SANS CAPITAL...

EXCEPTÉ CELUI
QU'IL ÉTAIT EN
TRAIN D'ÉCRIRE

ON LE VERRA EN
LISANT CE QU'IL
ÉCRIVAIT À SON
GRAND AMI
ENGELS...

8 septembre 1852

Ta lettre est arrivée aujourd'hui dans un climat bien agité.
Ma femme est malade, ma petite Jenny est malade. Lenchen a une
sorte de fièvre nerveuse. Je n'ai pas pu et ne peux faire venir le
médecin car je n'ai pas d'argent pour les remèdes. Depuis 8 à 10
jours je nourris la *family* [famille] de pain et de pommes de terre, et
la question se pose de savoir si je pourrai encore leur en procurer
aujourd'hui. Ce régime n'avait bien entendu rien de fortifiant, vu le
temps que nous avons. Je n'ai pas écrit d'articles pour Dana, car je
ne possédais pas le penny nécessaire pour aller lire les journaux (...).
Ce qui pourrait m'arriver de mieux, ce que je souhaite, c'est que ma
landlady [logeuse] me mette à la porte. Au moins je serais quitte de
la somme de 22 L. Mais je n'attends pas tant de complaisance de sa
part. En plus le boulanger, le laitier, le marchand de thé, le
greengrocer [marchand de légumes] et de vieilles dettes chez le
boucher. Comment vais-je me sortir de ce pétrin du diable ? Enfin,
au cours des derniers 8 ou 10 jours, j'ai emprunté quelques shillings
et quelques pence à des andouilles ce qui est pour moi le plus
affreux, mais c'était indispensable pour ne pas crever.
Mes lettres t'auront montré que, comme d'habitude, quand je suis
moi-même en plein dans la merde, et que je n'en entends pas
seulement parler de loin, j'y patauge avec une indifférence parfaite.
Cependant *que faire* ? Ma maison est un hôpital et la c[rise] entraîne
de telles perturbations qu'elle me contraint à lui accorder toute mon
attention. *Que faire* ? (...)

SALAIRES PRIX **CAPITAL** valeur **PROFIT** matières premières **ET** L'**HOSTIE**!

MARX COMMENCE AINSI= QU'EST-CE QUE LE **SALAIRE**?

COMMENT LE DÉTERMINE-T-ON?

Si l'on demandait à des ouvriers : A combien s'élève votre salaire ? ils répondraient : l'un : « — Je reçois de mon patron 1 mark pour une journée de travail », l'autre : « — Je reçois 2 marks », etc. Suivant les diverses branches de travail auxquelles ils appartiennent, ils indiqueraient les diverses sommes d'argent qu'ils reçoivent de leurs patrons respectifs pour la production d'un travail déterminé, par exemple pour le tissage d'une aune de toile ou pour la composition d'une page d'imprimerie. Malgré la diversité de leurs déclarations, ils seront tous unanimes sur un point : le salaire est la somme d'argent que le capitaliste paie pour un temps de travail donné ou pour la fourniture d'un travail déterminé.

Le capitaliste *achète* donc (semble-t-il) leur travail avec de l'argent. C'est pour de l'argent qu'ils lui *vendent* leur travail. Mais il n'en est ainsi qu'apparemment. Ce qu'ils vendent en réalité au capitaliste pour de l'argent, c'est leur *force* de travail. Le capitaliste achète cette force de travail pour un jour, une semaine, un mois, etc. Et, une fois qu'il l'a achetée, il l'utilise en faisant travailler l'ouvrier pendant le temps stipulé. Pour cette même somme d'argent avec laquelle le capitaliste a acheté sa force de travail, par exemple pour 2 marks, il aurait pu acheter deux livres de sucre ou une quantité déterminée d'une autre marchandise quelconque. Les 2 marks avec lesquels il a acheté douze heures d'utilisation de la force de travail sont le *prix* des douze heures de travail. La force de travail est donc une marchandise, ni plus, ni moins que le sucre. On mesure la première avec la montre et la seconde avec la balance.

OUS AVEZ COMPRIS? L'OUVRIER **ÉCHANGE** SA MARCHANDISE (A FORCE DE TRAVAIL) CONTRE UN SALAIRE ÉQUIVALANT (À CE QUE PRÉTEND LE PATRON) À CE DONT IL A BESOIN OUR VIVRE= LUMIÈRE. NOURRITURE, LOGEMENT, ÉTEMENTS...

ENFIN POUR SURVIVRE...

POURTANT SI LA PAIE D'UN OUVRIER ÉTAIT FIXÉE D'APRÈS SES BESOINS,
CE SERAIT UNE TRÈS, TRÈS BONNE PAIE, DIRAIENT LES PATRONS...

ET CE
N'EST PAS
VRAI !

VÉRIFIONS SUR LA BASE
DU GAIN OBTENU PAR LE
TRAVAIL DE L'OUVRIER,
ENGELS, QUI ÉTAIT
"PATRON", NOUS
L'EXPLIQUE ...

Supposons que notre ouvrier — un ajusteur — ait à usiner une pièce de machine qu'il termine en une journée. La matière première — le fer et le laiton dans la forme déjà apprêtée nécessaire — coûte 20 marks. La consommation de la machine à vapeur, l'usure de cette même machine à vapeur, du tour et des autres outils avec lesquels l'ouvrier travaille, représentent, calculées pour une journée et pour sa quote-part, la valeur d'un mark. Nous avons supposé que le salaire est de 3 marks pour une journée. Cela fait au total pour notre pièce de machine 24 marks. Mais le capitaliste tire de ses calculs qu'il reçoit de ses clients un prix moyen de 27 marks, c'est-à-dire 3 marks de plus que les frais qu'il a engagés. D'où viennent ces 3 marks qu'empoche le capitaliste ? L'économie classique prétend que les marchandises sont vendues en moyenne à leur valeur, c'est-à-dire à des prix qui correspondent aux quantités de travail nécessaires contenues dans ces marchandises. Le prix moyen de notre pièce de machine — 27 marks — serait donc égal à sa valeur, égal au travail qui y est incorporé. Mais de ces 27 marks, 21 marks étaient déjà des valeurs qui existaient avant que notre ajusteur se fût mis au travail. 20 marks étaient incorporés dans la matière première, un mark dans le charbon brûlé pendant le travail ou dans les machines et outils utilisés à cet effet et dont la capacité de production a été réduite jusqu'à concurrence de cette somme. Restent 6 marks qui ont été ajoutés à la valeur de la matière première. Mais ces 6 marks, comme l'admettent nos économistes proviennent uniquement du travail que notre ouvrier a affecté à la matière première.

SIX MARKS ?
A MOI, ILS NE
M'EN DONNENT
QUE TROIS

A MOI
AUSSI !

C'EST-À-DIRE QUE LE
PATRON GAGNE EN
UN JOUR CE QUE GA-
GNENT ENSEMBLE TOUS
LES OUVRIERS DE
L'USINE ET SANS
SE SALIR LES
MAINS, LE CHER
PETIT ! ...

MAIS MOI
JE FOURNIS
L'ARGENT,
L'USINE...

LA PAIE DE L'OUVRIER RESTANT FIXE, ON CALCULE QU'AVEC 12 HEURES DE SON TRAVAIL, LE PATRON GAGNE LA MÊME SOMME MULTIPLIÉE PAR LE NOMBRE DE SES OUVRIERS... UN RIEN !...

... ET AVEC SON SALAIRE, L'OUVRIER NE POURRA JAMAIS S'ARRÊTER DE TRAVAILLER...

MAIS, DITES DONC! MOI JE FOURNIS L'ARGENT ET L'USINE !

L'OUVRIER TRAVAILLE POUR VIVRE= CE QU'IL GAGNE LUI PERMET TOUT JUSTE DE NOURRIR LES SIENS ET IL Y PASSE LES PLUS BELLES ANNÉES DE SA VIE, TANDIS QUE LE PATRON DEVIENT DE PLUS EN PLUS RICHE...

MAIS PUISQUE JE VOUS DIS QUE C'EST MOI QUI FOURNIS L'ARGENT...

ET CET ARGENT, TU L'AS PRIS OÙ ?

GULP!

TANDIS QUE LES PATRONS RAMEUTAIENT LEURS ÉCONOMISTES ET LEURS IDÉOLOGUES POUR COMBATTRE LES THÉORIES DE MARX, CE DERNIER CONTINUAIT= "LE SALAIRE EST LE PRIX D'UNE MARCHANDISE DONNÉE..."
MAIS COMMENT DÉTERMINE-T-ON LE PRIX D'UNE MARCHANDISE ?...

99

CE QUI DÉTERMINE LE PRIX D'UN PRODUIT, C'EST LA CONCURRENCE OU POUR MIEUX DIRE, <u>TROIS</u> TYPES DE CONCURRENCE =

VENDEURS CONTRE VENDEURS

ACHETEURS CONTRE ACHETEURS

VENDEURS CONTRE ACHETEURS

QUAND PLUSIEURS VENDEURS PROPOSENT LA MÊME MARCHANDISE, ILS LUTTENT ENTRE EUX ET CERTAINS PRATIQUENT DES PRIX PLUS BAS..

CELA <u>ABAISSE</u> LES PRIX...

"QUAND PLUSIEURS ACHETEURS VEULENT LA MÊME MARCHANDISE, QUITTE À LA PAYER PLUS CHER...

CELA <u>FAIT MONTER</u> LES PRIX...

ON ASSISTE À LA CONCURRENCE ENTRE VENDEUR ET ACHETEUR LORSQUE L'UN VEUT VENDRE CHER ET L'AUTRE ACHETER BON MARCHÉ

LÀ, TOUT DÉPEND DES CONCURRENCES PRÉCÉDENTES..

ET LA LOI "DE
L'OFFRE ET DE LA
DEMANDE" MON GARS?

QUAND IL Y A CENT AUTOMOBILES
ET MILLE ACHETEURS EN
PUISSANCE, LE PRIX DE LA
VOITURE GRIMPE AU GRÉ
DU VENDEUR...
MAIS S'IL Y A CENT AUTOMO-
BILES ET SEULEMENT VINGT
ACHETEURS, IL EST PLUS QUE
PROBABLE QUE LE PRIX SERA
TRÈS AVANTAGEUX...

MAIS ON NE
SAIT TOUJOURS
PAS COMMENT SONT
DÉTERMINÉS LES
PRIX...

PARLONS DE COÛTS DE PRODUCTION...
PRENONS UNE AUTOMOBILE QUI, À LA SORTIE
D'USINE, COÛTE 5000 F. AUXQUELS ON AJOUTE
LES COÛTS DE PUBLICITÉ, DE RELATIONS
EXTÉRIEURES, LE POURCENTAGE DES
DISTRIBUTEURS, LES IMPÔTS, LE BÉNÉFICE DU
FABRICANT...

RÉSULTAT ?
LE PRIX PUBLIC
PASSE À 10,000 Frs...

MARX NE CONNAISSAIT PAS CES POSTES NOUVEAUX = FRAIS DE REPRÉSENTATION, RELATIONS PUBLIQUES, PUBLICITÉ, QUI GONFLENT LE PRIX D'UN PRODUIT D'UNE FAÇON INDÉCENTE...

JE LEUR AURAIS CONSACRÉ UN CHAPITRE DANS MON CAPITAL

DE TOUTE MANIÈRE, IL SE DEMANDAIT COMMENT ET À COMBIEN ON DEVAIT LIMITER LE PROFIT DES RICHES... 10%? ÉTAIT-CE "JUSTE ET DÉCENT"? CE N'EST PAS AVEC ÇA, POURTANT QUE LE PROBLÈME AURAIT ÉTÉ RÉSOLU...

IL Y A DES USINES QUI TRAVAILLENT À 200%

AINSI LA FORCE DE TRAVAIL DE L'OUVRIER FAIT CROÎTRE JOUR APRÈS JOUR LE CAPITAL DU PATRON, LE RICHE DEVIENT TOUJOURS PLUS RICHE, TANDIS QUE LE PAUVRE N'ENGRAISSE PAS, SON SALAIRE LUI SUFFIT À PEINE...

TANDIS QUE LE CAPITALISTE, LE PATRON, LE RICHE RÉALISE, PAR LE TRAVAIL DE L'OUVRIER, UN GAIN FABULEUX, LE PAUVRE OUVRIER NE GAGNE PAS UN FRANC DE PLUS...

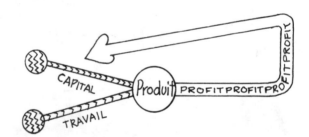

LE MONDE TOURNE VRAIMENT L'ENVERS!...

CE DESSIN NOUS MONTRE LE PROCESSUS = LE CAPITALISTE ET L'OUVRIER (À L'UN L'ARGENT, À L'AUTRE LE TRAVAIL) S'UNISSENT POUR CRÉER LE PRODUIT, DONT LE BÉNÉFICE VA À UNE SEULE DES PARTIES ET NON AUX DEUX COMME LE VOUDRAIT LA LOGIQUE... AINSI L'UN SE FAIT DU LARD ET L'AUTRE SE SERRE LA CEINTURE...

PLUS-VALUE

NOTRE PETIT CHARLIE AVAIT DÉCOUVERT LA BASE DU CAPITALISME LA FAMEUSE

SI ON M'EXPLIQUAIT, CE SERAIT PAS PLUS MAL...

ALLONS-Y! LA FORMULE DU CAPITALISME EST TRÈS SIMPLE = ACHETER POUR REVENDRE AVEC BÉNÉFICE. L'AUGMENTATION DE LA VALEUR DE L'ARGENT EMPLOYÉ, MARX L'APPELLE = LA PLUS-VALUE.

IL RAISONNAIT AINSI: LA PLUS-VALUE NE PROVIENT PAS DE L'ÉCHANGE DES MARCHANDISES, PUISQUE C'EST UN ÉCHANGE ENTRE CHOSES ÉQUIVALENTES, LA MARCHANDISE EST VENDUE POUR ACHETER D'AUTRES MARCHANDISES.

LA PLUS-VALUE PROVIENT D'AUTANT MOINS DE L'AUGMENTATION DES PRIX QUE LES PERTES ET LES PROFITS RÉCIPROQUES DES VENDEURS ET DES ACHETEURS S'ÉQUILIBRENT...

SI L'UN GAGNE L'AUTRE PERD!

ALORS?

POUR OBTENIR LA PLUS-VALUE (PROFIT EN PLUS), LE POSSESSEUR D'ARGENT DOIT TROUVER SUR LE MARCHÉ "UNE MARCHANDISE DONT LA VALEUR COURANTE POSSÈDE LA SINGULIÈRE PROPRIÉTÉ D'ÊTRE SOURCE DE VALEUR",!!.

SIMPLEMENT LA FORCE DE TRAVAIL DE L'HOMME !

QU'EST-CE QUE C'EST, CETTE MARCHANDISE ?

LE CAPITALISTE ACHÈTE LA FORCE DE TRAVAIL DE L'OUVRIER COMME S'IL S'AGISSAIT D'UNE MARCHANDISE QUELCONQUE ET LA MET À PRODUIRE 8 HEURES PAR JOUR... (À L'ÉPOQUE DE MARX, LA JOURNÉE DE TRAVAIL ÉTAIT DE 12 À 15 HEURES...).

L'OUVRIER CRÉE, DISONS EN SIX HEURES (TEMPS DE TRAVAIL "NÉCESSAIRE"), UN PRODUIT QUI SUFFIT À LE FAIRE VIVRE.

CE PRODUIT EN PLUS, CE PROFIT EXTRA DU PATRON C'EST LA PLUS-VALUE...

EN SIX HEURES "IL PRODUIT SON SALAIRE"

GRÂCE À LA PLUS-VALUE, LE PATRON S'ENRICHIT, MAIS L'OUVRIER N'EN TIRE PAS UN CENTIME. CET ARGENT NE SERT PAS DAVANTAGE À AMÉLIORER SES CONDITIONS DE TRAVAIL... IL VA À LA BANQUE...

POUR GROSSIR ENCORE MON CAPITAL...

PENDANT LES DEUX HEURES QUI RESTENT, IL PRODUIT UNE AUTRE MARCHANDISE, UN PRODUIT "EN PLUS," QUE LE PATRON NE LUI PAIE PAS...

C'EST ÇA LE PIÈGE DU CAPITALISME ACTUEL : AUGMENTER LA PRODUCTIVITÉ ET LE RENDEMENT DE L'OUVRIER ET AUGMENTER AINSI LA PLUS-VALUE...

L'ACCROISSEMENT DE LA PRODUCTION N'EST PAS AUTRE CHOSE QUE L'ACCROISSEMENT DU CAPITAL DES PATRONS ET L'APPAUVRISSEMENT DE TOUS LES OUVRIERS !

105

ET DE QUOI VIVRAI-
ENT LES OUVRIERS
SI NOUS NE LEUR
DONNIONS PAS DE
TRAVAIL ?

ET DE QUOI
VIVRIEZ-VOUS
SI L'OUVRIER
NE TRAVAILLAIT PAS?

(ET TOC...
GULP)

IL SE TROUVERA BIEN QUELQU'UN POUR PENSER QUE TOUT SE RÉSOUDRAIT
PAR UNE AUGMENTATION DE SALAIRE.

MARX N'ÉTAIT PAS
D'ACCORD. LISEZ
PLUTÔT CE QUI
EST À CÔTÉ...

Que le salaire réel reste le même, qu'il augmente même, le salaire relatif n'en peut pas moins baisser. Supposons, par exemple, que tous les moyens de subsistance aient baissé de prix des 2/3, alors que le salaire journalier ne baisse que d'un tiers, c'est-à-dire tombe, par exemple, de 3 marks à 2 marks. Bien que l'ouvrier avec ses deux marks dispose d'une plus grande quantité de marchandises qu'auparavant avec 3 marks, son salaire a cependant diminué par rapport au bénéfice du capitaliste. Le profit du capitaliste (par exemple du fabricant) a augmenté d'un mark, c'est-à-dire que pour une somme moindre de valeurs d'échange qu'il paie à l'ouvrier, il faut que l'ouvrier produise une plus grande quantité de valeurs d'échange qu'auparavant. La part du capital proportionnellement à la part du travail s'est accrue. La répartition de la richesse sociale entre le capital et le travail est devenue encore plus inégale. Le capitaliste commande avec le même capital une quantité plus grande de travail. La puissance de la classe capitaliste sur la classe ouvrière a grandi, la situation sociale de l'ouvrier a empiré, elle est descendue d'un degré de plus au-dessous de celle du capitaliste.
Mais quelle est donc la loi générale qui détermine la hausse et la baisse du salaire et du profit dans leurs relations réciproques ?
Ils sont en rapport inverse. La part du capital, le profit, monte dans la mesure même où la part du travail, le salaire, baisse, et inversement. Le profit monte dans la mesure où le salaire baisse, il baisse dans la mesure où le salaire monte.

(ÇA REVIENT À DIRE QUE LE PATRON NE VEUT JAMAIS RIEN PERDRE)

NONS, PAR EXEMPLE,
BÂTIMENT:

EN CONSTRUISANT
DES APPARTEMENTS
QUE
TU N'HABITERAS
JAMAIS ET QUI
NE TE RAPPORTE-
RONT PAS UN
CENTIME, TU
ENRICHIS LA
CLASSE QUI
T'EXPLOITE...

EST-CE
QUE
TIENS
E LÀ-
ANS?

ÊME S'IL GAGNE DAVANTAGE, FÛT-CE LE
OUBLE, POUR L'OUVRIER LA SITUATION
E CHANGE PAS. MARX LE DIT CLAIREMENT:

LE SALAIRE LE PLUS ÉLEVÉ
QUE PUISSENT ATTEINDRE LES
OUVRIERS, DANS DES CONDITIONS
FAVORABLES, SOULIGNE EN
RÉALITÉ L'ÉPAISSEUR DE LA
CAGE DORÉE OÙ ILS RESTENT
EMPRISONNÉS... ILS PEUVENT SEU-
LEMENT S'Y MOUVOIR PLUS À L'AISE.

* SALAIRE EN PLUS, PROFIT EN
PLUS ... POUR LE PATRON.

DIS-DONC!
C'EST PAS DE
MARX ÇA!

EXACT: C'EST LE
COMMENTAIRE D'UN
MARXISTE AUTRICHIEN,
ERNST FISCHER QUI
CONTINUE AINSI:

"LE MALHEUR DE L'OU-
VRIER PROVIENT AVANT
TOUT DU FAIT QUE,
TRAVAILLANT POUR
LE CAPITAL, IL PRODUIT
À NOUVEAU DU
CAPITAL ET, EN LE
PRODUISANT, IL ACCROÎT
EN MÊME TEMPS SON
ALIÉNATION ET SA
MISÈRE...

MERDE!
QU'EST-CE QUE
JE PEUX Y
FAIRE ?

107

MARX NE VOIT QU'UNE ISSUE POUR LES OUVRIERS:

L'UNION

L'UNION AVEC LES PATRON?

SI VOUS LE PERMETTEZ, NOUS ALLONS FAIRE UN PEU D'HISTOIRE, PARLONS DE L'ÉPOQUE À LAQUELLE MARX ÉLABORE SA THÈSE POUR LA TRANSFORMATION DE LA SOCIÉTÉ ET LA LIBÉRATION DES PAUVRES GENS DE LEURS CHAÎNES (D'OR, D'ARGENT OU DE TÔLE...)

EXAMINONS-EN LE SCÉNARIO...

CE MOMENT HISTORIQUE, C'EST LA PARUTION DU manifeste DU PARTI COMMUNISTE

COMMENT? IL N'Y AVAIT PAS ENCORE DE PARTIS COMMUNISTES?

La Ligue des communistes, société ouvrière internationale qui, dans les circonstances d'alors, ne pouvait être évidemment que secrète, chargea les soussignés, délégués au congrès tenu à Londres en novembre 1847, de rédiger un programme détaillé, à la fois théorique et pratique, du Parti et destiné à la publicité. Telle est l'origine de ce *Manifeste* dont le manuscrit, quelques semaines avant la révolution de Février, fut envoyé à Londres pour y être imprimé. Publié d'abord en allemand, il a eu dans cette langue au moins douze éditions différentes en Allemagne, en Angleterre et en Amérique. Traduit en anglais par miss Hélène Macfarlane, il parut en 1850, à Londres, dans le *Red Republican,* et, en 1871, il eut, en Amérique, au moins trois traductions. Il parut une première fois en français à Paris, peu de temps avant l'insurrection de juin 1848. On en fit une édition en polonais à Londres, peu de temps après la première édition allemande. Il a paru en russe, à Genève, vers 1860. Il a été également traduit en danois peu après sa publication.

Bien que les circonstances aient beaucoup changé au cours des vingt-cinq dernières années, les principes généraux exposés dans ce *Manifeste* conservent dans leurs grandes lignes, aujourd'hui encore, toute leur exactitude.

LA LIGUE DES COMMUNISTES C'EST QUOI CE TRUCMUCHE ?

URANT LES ANNÉES 1846-1847 UN GROUPE D'OUVRIERS, D'ARTISANS ET D'INTELLECTUELS D'AVANT-GARDE (DISONS, D'IDÉES AVANCÉES) S'ÉTAIT FORMÉ EN ALLEMAGNE. ILS SE NOMMAIENT "LIGUE DES JUSTICIERS" E RÉUNISSAIENT POUR PARLER POLITIQUE ET SE TENAIENT EN CONTACT VEC LES "JUSTICIERS" DES AUTRES PAYS ...

ET SI LA JUSTICE NE SE FAIT PAS JUSTICE ELLE-MÊME C'EST IN-JUSTE CETTE INJUSTICE !

TRÈS JUSTE MONSIEUR !

ES "JUSTICIERS" ÉTAIENT À DEMI ANARCHISTES ET PRÊCHAIENT UN OCIALISME ASSEZ ÉTRANGE = IL FALLAIT DÉTRUIRE LES MOYENS DE PRODUCTION (LES USINES, DE PRÉFÉRENCE AVEC TOUS LES PATRONS) T REVENIR À L'AGRICULTURE ET À L'ARTISANAT. EN FÉVRIER 1847 LS DEMANDÈRENT À MARX ET À ENGELS DE SE JOINDRE À EUX POUR LES AIDER À SE RÉORGANISER.

MARX ET ENGELS S'ATTIRÈRENT IMMÉDIATEMENT LES SYMPATHIES ET, GRÂCE À LEUR MATURITÉ POLITIQUE, PRIRENT UN RÉEL ASCENDANT SUR LES MEMBRES DE LA LIGUE... MARX, LE <u>DUR</u>, SAVAIT S'IMPOSER...

POUR COMMENCER, AU LIEU DE "JUSTICIERS", ON VA S'APPELER **LIGUE DES COMMUNISTES**, VU ?...

RESTÉS FONCIÈREMENT MARQUÉS PAR LA RIGUEUR DE L'ESPRIT ALLEMAND, MARX ET ENGELS ORGANISÈRENT À LONDRES EN 1847 UN CONGRÈS AUQUEL PARTICIPÈRENT DES DÉLÉGUÉS DE TOUTE L'EUROPE. ENGELS Y PRÉSENTA SON PROJET DE <u>STATUT</u> DE LA LIGUE DES COMMUNISTES QUI DEVAIT ÊTRE LA BASE DU

"MANIFESTE COMMUNISTE" DE **Marx** ET **Engels**

2. *Quel est le but des communistes ?*
D'organiser la société de telle sorte que chacun de ses membr[e]
puisse développer et exercer l'ensemble de ses facultés et de s[e]
forces en toute liberté et cela sans porter atteinte aux fondem[ents]
de la dite société.

3. *Comment voulez-vous atteindre ce but ?*
Par l'abolition de la propriété privée que remplacera la
Communauté des biens.

6. *Comment voulez-vous préparer votre Communauté des b[iens]*
Par l'instruction et l'union du prolétariat.

7. *Qu'est-ce que le prolétariat ?*
Le prolétariat est la classe de la société qui vit exclusivement d[e]
travail et non du profit d'un capital ; la classe dont le sort, do[nt la]
vie et la mort dépendent par conséquent de l'alternance des b[onnes]
et des mauvaises périodes dans les affaires, en un mot des
oscillations de la concurrence.

8. *Il n'y a donc pas toujours eu des prolétaires ?*
Non. Il y a toujours eu des *pauvres* et des *classes laborieuses* ;
les travailleurs ont presque toujours été les pauvres. Mais il n'[y a]
pas toujours eu des prolétaires, pas plus que la concurrence n'[a]
toujours été libre.

9. *Comment est né le prolétariat ?*
Le prolétariat est issu de l'introduction des machines qui ont é[té]
inventées depuis le milieu du siècle dernier, les principales éta[nt]
la machine à vapeur, la machine à filer et le métier à tisser
mécanique. Ces machines, qui étaient très chères et que seuls p[ar]
conséquent les gens riches pouvaient se procurer, supplantère[nt les]
ouvriers de l'époque, étant donné qu'il était possible avec les
machines de produire des marchandises plus vite et à meilleur
marché que ne le pouvaient jusqu'alors les ouvriers travaillan[t avec]
leurs rouets et sur leurs métiers à tisser imparfaits. Ainsi les
machines livrèrent-elles entièrement l'industrie aux mains des
grands capitalistes et déprécièrent totalement le peu de bien q[ue]
possédaient les ouvriers, qui consistait surtout dans leurs outi[ls,]
leurs métiers, etc. ; de sorte que le capitaliste posséda tout et q[ue]
l'ouvrier ne conserva rien.

REMARQUEZ QUE LE STYLE, GENRE "CATÉCHISME" D'ENGELS, ÉTAIT FACILE A COMPRENDRE POUR LES OUVRIERS, AUSSI DEVINT-IL PLUS POPULAIRE QUE MARX QUI, MALGRÉ SA PLUS GRANDE PROFONDEUR, ÉTAIT DIFFICILE À DIGÉRER...

ENTRE KARL ET FRÉDÉRIC, DEVINEZ QUI JE PRÉFÈRE !

En quoi le prolétaire se distingue-t-il de l'esclave ?
[L'e]sclave est vendu une fois pour toutes. Le prolétaire doit [se v]endre lui-même chaque jour et à chaque heure.
[L'e]sclave est propriété d'un seul maître et il a de ce fait une [exis]tence assurée, aussi misérable soit-elle. Le prolétaire est [escl]ave non d'un seul maître, mais pour ainsi dire de la [clas]se bourgeoise tout entière, et n'a donc pas d'existence [assu]rée, étant donné que personne ne lui achète son travail [qua]nd on n'en a pas besoin. L'esclave est considéré comme *chose*, non comme membre de la société civile. Le [pro]létaire est reconnu comme *personne*, comme membre [de l]a société civile. L'esclave *peut* donc avoir une existence [mei]lleure que le prolétaire, mais ce dernier se situe à un [stad]e supérieur de développement. L'esclave se libère en [dev]enant prolétaire et en supprimant, de tous les rapports [de p]ropriété, *seulement* le rapport de l'*esclavage*. Le [pro]létaire ne peut se libérer qu'en supprimant *la propriété [en t]ant que telle*.

SI C'EST VRAI CE QU'IL RACONTE, ON EST FOUTUS !

CHILI

14. *Revenons à la sixième question. Si vous voulez préparer la Communauté par l'instruction et l'union du prolétariat, vous rejetez donc la révolution ?*
Nous sommes convaincus que toutes les conspirations sont non seulement inutiles, mais encore nuisibles. Nous savons également que les révolutions ne se font pas à la demande, sur ordre, mais qu'elles sont toujours et partout la conséquence nécessaire de circonstances qui ne dépendent absolument pas de la volonté ni de la direction de partis, séparément, ni de classes tout entières. Mais nous constatons également que l'évolution du prolétariat, dans presque tous les pays du monde, est réprimée avec violence par les classes possédantes et qu'ainsi les adversaires des communistes travaillent avec violence à une révolution. Si dans ces conditions le prolétariat opprimé devait finalement être poussé à la révolution, nous défendrons alors la cause du prolétariat par des actes tout autant que nous le faisons actuellement par la parole.

111

15. *Voulez-vous introduire d'un seul coup la Communauté des biens à la place de l'actuelle organisation de la société ?* Nous n'y pensons pas. L'évolution des masses ne se fait pas par décret. Elle est déterminée par l'évolution des rapports dans lesquels vivent ces masses, et par conséquent progresse peu à peu.

EN FÉVRIER 1848 PARUT À LONDRES LE=

MANIFESTE
DU PARTI COMMUNISTE

TIRAGE ? LIMITÉ À MILLE EXEMPLAIRES

PUBLIÉ EN ALLEMAND, ANGLAIS, FRANÇAIS, RUSSE ET ESPAGNOL...

AUTEURS ? MARX ET ENGELS

PUIS EN ITALIEN, DANOIS, SUÉDOIS, FLAMAND, CHINOIS, TCHÈQUE, HONGROIS, EN... PITIÉ !

Le *Manifeste* est un appel direct aux ouvriers — Travailleurs de tous les pays, unissez-vous ! — et son ton correspond aux exigences tactiques de la conjoncture. C'est non seulement une œuvre magistrale par sa cohérence et la clarté d'exposition d'une matière difficile, mais aussi un puissant instrument pour obliger, en faisant appel au cœur comme à la raison, à prendre position face au problème permanent de savoir pourquoi la structure de la société et la division des richesses sont en contradiction formelle avec la morale commune.

LE MANIFESTE EST EN FAIT UNE SYNTHÈSE COMPLÈTE DES IDÉES DE MARX DANS UN STYLE VIBRANT ET DIRECT...

LISEZ! VOUS VOUS EN RENDREZ COMPTE!

NOUS NE CITONS QUE QUELQUES EXTRAITS CAR LA TOTALITÉ AURAIT PRIS LA MOITIÉ DU LIVRE...

La grande industrie a créé le marché mondial, préparé par la découverte de l'Amérique. Le marché mondial accéléra prodigieusement le développement du commerce, de la navigation, des voies de communication. Ce développement réagit à son tour sur l'extension de l'industrie ; et, au fur et à mesure que l'industrie, le commerce, la navigation, les chemins de fer se développaient, la bourgeoisie grandissait, décuplant ses capitaux et refoulant à l'arrière-plan les classes léguées par le Moyen Age. La bourgeoisie, nous le voyons, est elle-même le produit d'un long développement, d'une série de révolutions dans le mode de production et les moyens de communication.

Partout où elle a conquis le pouvoir, elle a foulé aux pieds les relations féodales, patriarcales et idylliques. Tous les liens complexes et variés qui unissent l'homme féodal à ses supérieurs naturels, elle les a brisés sans pitié pour ne laisser subsister d'autre lien, entre l'homme et l'homme, que le froid intérêt, les dures exigences du *paiement au comptant*. Elle a noyé les frissons sacrés de l'extase religieuse, de l'enthousiasme chevaleresque, de la sentimentalité petite-bourgeoise dans les eaux glacées du calcul égoïste. Elle a fait de la dignité personnelle une simple valeur d'échange ; elle a substitué aux nombreuses libertés, si chèrement conquises, l'unique et impitoyable liberté du commerce. En un mot, à la place de l'exploitation que masquaient les illusions religieuses et politiques, elle a mis une exploitation ouverte, éhontée, directe, brutale.

La bourgeoisie a dépouillé de leur auréole toutes les activités qui passaient jusque-là pour vénérables et qu'on considérait avec un saint respect. Le médecin, le juriste, le prêtre, le poète, le savant, elle en a fait des salariés à ses gages.

La bourgeoisie a déchiré le voile de sentimentalité qui recouvrait les relations de famille et les a réduites à n'être que de simples rapports d'argent.

SI TU NE POSSÈDES RIEN TU NE VAUX RIEN...

La bourgeoisie, au cours de sa domination de classe à peine séculaire, a créé des forces productives plus nombreuses et plus colossales que l'avaient fait toutes les générations passées prises ensemble. La mise sous le joug des forces de la nature, les machines, l'application de la chimie à l'industrie et à l'agriculture, la navigation à vapeur, les chemins de fer, les télégraphes électriques, le défrichement de continents entiers, la régularisation des fleuves, des populations entières jaillies du sol, — quel siècle antérieur aurait soupçonné que de pareilles forces productives dorment au sein du travail social ?

Le développement du machinisme et la division du travail, en faisant perdre au travail de l'ouvrier tout caractère d'autonomie, lui ont fait perdre tout attrait. Le producteur devient un simple accessoire de la machine, on n'exige de lui que l'opération la plus simple, la plus monotone, la plus vite apprise. Par conséquent, ce que coûte l'ouvrier se réduit, à peu de chose près, au coût de ce qu'il lui faut pour s'entretenir et perpétuer sa descendance. Or, le prix du travail, comme celui de toute marchandise, est égal à son coût de production. Donc, plus le travail devient répugnant, plus les salaires baissent.

MAIS LA BRAVE TÉLÉVISION N'ÉTAIT PAS ENCORE LÀ POUR NOUS ABRUTIR DAVANTAGE AVANT D'ALLER DORMIR...

L'industrie moderne a fait du petit atelier du maître artisan patriarcal la grande fabrique du capitalisme industriel. Des masses d'ouvriers, entassés dans la fabrique sont organisés militairement. Simples soldats de l'industrie, ils sont placés sous la surveillance d'une hiérarchie complète de sous-officiers et d'officiers. Ils ne sont pas seulement les esclaves de la classe bourgeoise, de l'État bourgeois, mais encore, chaque jour, à chaque heure, les esclaves de la machine, du contremaître, et surtout du bourgeois fabricant, lui-même. Plus ce despotisme proclame ouvertement le profit comme son but unique, plus il devient mesquin, odieux, exaspérant.
Moins le travail exige d'habileté et de force, c'est-à-dire plus l'industrie moderne progresse, et plus le travail des hommes est supplanté par celui des femmes et des enfants. Les distinctions d'âge et de sexe, n'ont plus d'importance sociale pour la classe ouvrière. Il n'y a plus que des instruments de travail, dont le coût varie suivant l'âge et le sexe.
Une fois que l'ouvrier a subi l'exploitation du fabricant et qu'on lui a compté son salaire, il devient la proie d'autres membres de la bourgeoisie : du propriétaire, du détaillant, du prêteur sur gages, etc.

Or, le développement de l'industrie, non seulement accroît le nombre des prolétaires, mais les concentre en masses plus considérables ; la force des prolétaires augmente et ils en prennent mieux conscience. Les intérêts, les conditions d'existence au sein du prolétariat, s'égalisent de plus en plus, à mesure que la machine efface toute différence dans le travail et réduit presque partout le salaire à un niveau également bas. Par suite de la concurrence croissante des bourgeois entre eux et des crises commerciales qui en résultent, les salaires deviennent de plus en plus instables : le perfectionnement constant et toujours plus rapide de la machine rend la condition de l'ouvrier de plus en plus précaire ; les collisions individuelles entre l'ouvrier et le bourgeois prennent de plus en plus le caractère de collisions entre deux classes. Les ouvriers commencent par se coaliser contre les bourgeois pour la défense de leurs salaires. Ils vont jusqu'à former des associations permanentes, pour être prêts en vue de rébellions éventuelles. Çà et là, la lutte éclate en émeute.

ET VOICI COMMENT MARX CONÇOIT LA LUTTE OUVRIÈRE ...

Parfois, les ouvriers triomphent ; mais c'est un triomphe éphémère. Le résultat véritable de leurs luttes est moins le succès immédiat que l'union grandissante des travailleurs. Cette union est facilitée par l'accroissement des moyens de communication qui sont créés par une grande industrie et qui permettent aux ouvriers de localités différentes de prendre contact. Or, il suffit de cette prise de contact pour centraliser les nombreuses luttes nationales, en une lutte de classes. Mais toute lutte de classes est une lutte politique, et l'union que les bourgeois du Moyen Age mettaient des siècles à établir avec leurs chemins vicinaux, les prolétaires modernes la réalisent en quelques années grâce aux chemins de fer.
Cette organisation du prolétariat en classe, et donc en parti politique, est sans cesse détruite de nouveau par la concurrence que se font les ouvriers entre eux. Mais elle renaît toujours, et toujours plus forte, plus ferme, plus puissante. Elle profite des dissensions intestines de la bourgeoisie pour l'obliger à reconnaître, sous forme de loi, certains intérêts de la classe ouvrière : par exemple le *bill* de dix heures en Angleterre.

IL EN PARLE, DES DESESPÉRÉS, CE MANIFESTE ?

De toutes les classes qui, à l'heure présente, s'opposent à la bourgeoisie, le prolétariat seul est une classe vraiment révolutionnaire. Les autres classes périclitent et périssent avec la grande industrie ; le prolétariat, au contraire, en est le produit le plus authentique.

Les classes moyennes, petits fabricants, détaillants, artisans, paysans, tous combattent la bourgeoisie parce qu'elle est une menace pour leur existence en tant que classes moyennes. Elles ne sont donc pas révolutionnaires, mais conservatrices ; bien plus, elles sont réactionnaires : elles cherchent à faire tourner à l'envers la roue de l'histoire. Si elles sont révolutionnaires, c'est en considération de leur passage imminent au prolétariat : elles défendent alors leurs intérêts futurs et non leurs intérêts actuels ; elles abandonnent leur propre point de vue pour se placer à celui du prolétariat.

Quant à la racaille, cette pourriture passive des couches inférieures de la vieille société, elle peut se trouver, çà et là, entraînée dans le mouvement par une révolution prolétarienne ; cependant, ses conditions de vie la disposeront plutôt à se vendre à la réaction.

COMME LES JAUNES...

Le régime de la propriété a subi de continuels changements, de continuelles transformations historiques.

La Révolution française, par exemple, a aboli la propriété féodale au profit de la propriété bourgeoise.

Ce qui caractérise le communisme, ce n'est pas l'abolition de la propriété en général, mais l'abolition de la propriété bourgeoise.

Or, la propriété privée d'aujourd'hui, la propriété bourgeoise, est la dernière et la plus parfaite expression du mode de production et d'appropriation basé sur des antagonismes de classes, sur l'exploitation des uns par les autres.

En ce sens, les communistes peuvent résumer leur théorie dans cette formule unique : *abolition de la propriété privée.*

On nous a reproché, à nous autres communistes, de vouloir abolir la propriété personnellement acquise, fruit du travail de l'individu, propriété que l'on déclare être la base de toute liberté, de toute activité, de toute indépendance individuelle.

La propriété personnelle, fruit du travail et du mérite ! Veut-on parler de cette forme de propriété antérieure à la bourgeoisie, qu'est la propriété du petit-bourgeois, du petit paysan ? Nous n'avons que faire de l'abolir, le progrès de l'industrie l'a abolie et continue à l'abolir chaque jour.

Ou bien veut-on parler de la propriété privée d'aujourd'hui, de la propriété bourgeoise ?

Mais est-ce que le travail salarié, le travail du prolétaire, crée pour lui de la propriété ? Nullement. Il crée le capital, c'est-à-dire la propriété qui exploite le travail salarié, et qui ne peut s'accroître qu'à la condition de produire encore et encore du travail salarié, afin de l'exploiter de nouveau. Dans sa forme présente, la propriété se meut entre ces deux termes antinomiques : le Capital et le Travail. Examinons les deux termes de cette antinomie.

Vous êtes saisi d'horreur parce que nous voulons abolir
la propriété privée. Mais, dans votre société, la propriété
privée est abolie pour les neuf dixièmes de ses membres.
C'est précisément parce qu'elle n'existe pas pour ces
neuf dixièmes qu'elle existe pour vous. Vous nous
reprochez donc de vouloir abolir une forme de propriété
qui ne peut exister qu'à la condition que l'immense
majorité soit frustrée de toute propriété.
En un mot, vous nous accusez de vouloir abolir votre
propriété à vous. En vérité, c'est bien ce que nous
voulons.

Mais comme ça le monde dégringolerait

On a objecté encore qu'avec l'abolition de la propriété
privée toute activité cesserait, qu'une paresse générale
s'emparerait du monde.

QU'ILS
DISENT

Si cela était, il y a beau temps que la société bourgeoise
aurait succombé à la fainéantise, puisque, dans cette
société, ceux qui travaillent ne gagnent pas, et que ceux
qui gagnent ne travaillent pas. Toute l'objection se réduit
à cette tautologie qu'il n'y a plus de travail salarié du
moment qu'il n'y a plus de capital.

LE CAPITAL A BE-
SOIN DE L'OUVRIER
MAIS LUI N'A PAS
BESOIN DU CAPITAL :
LE SIEN C'EST LA
FORCE DE SES BRAS !

Dès que le travail ne peut plus être converti en capital, en
argent, en rente foncière, bref en pouvoir social capable
d'être monopolisé, c'est-à-dire dès que la propriété
individuelle ne peut plus se transformer en propriété
bourgeoise, vous déclarez que l'individu est supprimé.
Vous avouez donc que, lorsque vous parlez de l'individu,
vous n'entendez parler que du bourgeois, du propriétaire.
Et cet individu-là, certes, doit être supprimé.

DANS CE MANIFESTE ON NE PARLE QUE DE POLITIQUE!

IL N'Y A PAS DE PETITES BLAGUES? ON NE PARLE PAS DES BONNES FEMMES?

BIEN SÛR QUE SI! MARX FUT LE PREMIER À DÉNONCER L'EXPLOITATION DE LA FEMME ET IL LE FAIT D'UNE FAÇON MAGISTRALE DANS LE MANIFESTE!

PAS DE DISTRACTION S.V.P. CONTINUEZ LA LECTURE!

Pour le bourgeois, sa femme n'est autre chose qu'un instrument de production. Il entend dire que les instruments de production doivent être exploités en commun et il conclut naturellement que les femmes elles-mêmes partageront le sort commun de la socialisation.

Il ne soupçonne pas qu'il s'agit précisément d'arracher la femme à son rôle actuel de simple instrument de production. Rien de plus grotesque, d'ailleurs, que l'horreur ultra-morale qu'inspire à nos bourgeois la prétendue communauté officielle des femmes que professeraient les communistes. Les communistes n'ont pas besoin d'introduire la communauté des femmes ; elle a presque toujours existé.

Nos bourgeois, non contents d'avoir à leur disposition les femmes et les filles de prolétaires, sans parler de la prostitution officielle, trouvent un plaisir singulier à se cocufier mutuellement.

Le mariage bourgeois est, en réalité, la communauté des femmes mariées. Tout au plus pourrait-on accuser les communistes de vouloir mettre à la place d'une communauté des femmes hypocritement dissimulée une communauté franche et officielle. Il est évident, du reste, qu'avec l'abolition du régime de production actuel, disparaîtra la communauté des femmes qui en découle, c'est-à-dire la prostitution officielle et non-officielle.

PUISQUE NOUS SOMMES EN TRAIN DE PAR-LER DES FEMMES, VOYONS CE QU'A ÉCRIT LE PROF. ENGELS À CE SUJET...

OH! EH! HEIN! BON! LA LIBÉ-RATION DE LA FEMME A DÉJÀ CENT ANS!

Avec la famille patriarcale, et plus encore avec la famille individuelle monogamique, il en alla tout autrement. La direction du ménage perdit son caractère public. Elle ne concerna plus la société ; elle devint un *service privé* ; la femme devint une première servante, elle fut écartée de la participation à la production sociale. C'est seulement la grande industrie de nos jours qui a rouvert — et seulement à la femme prolétaire — la voie de la production sociale ; mais dans des conditions telles que la femme, si elle remplit ses devoirs au service privé de la famille, reste exclue de la production sociale et ne peut rien gagner ; et que, par ailleurs, si elle veut participer à l'industrie publique et gagner pour son propre compte, elle est hors d'état d'accomplir ses devoirs familiaux. Il en va de même pour la femme dans toutes les branches de l'activité, dans la médecine et au barreau tout comme à l'usine. La famille conjugale moderne est fondée sur l'esclavage domestique, avoué ou voilé, de la femme, et la société moderne est une masse qui se compose exclusivement de familles conjugales, comme d'autant de molécules. De nos jours, l'homme, dans la grande majorité des cas, doit être le soutien de la famille et doit la nourrir, au moins dans les classes possédantes ; et ceci lui donne une autorité souveraine qu'aucun privilège juridique n'a besoin d'appuyer. Dans la famille, l'homme est le bourgeois ; la femme joue le rôle du prolétariat.

MAIS ILS L'ONT ÉCRIT EN 1848 OU EN 1982 ??

LA VISION PROPHÉTIQUE DE MARX TIENT DU PRODIGE, C'EST POUR CELA QUE SES ÉCRITS NE PERDENT JAMAIS LEUR ACTUALITÉ

TERMINONS MAINTENANT LE MANIFESTE =

Nous avons déjà vu plus haut que la première étape dans la révolution ouvrière est la constitution du prolétariat en classe dominante, la conquête de la démocratie.

Le prolétariat se servira de sa suprématie politique pour arracher petit à petit tout le capital à la bourgeoisie, pour centraliser tous les instruments de production entre les mains de l'État, c'est-à-dire du prolétariat organisé en classe dominante, et pour augmenter au plus vite la quantité des forces productives.

Cela ne pourra naturellement se faire, au début, que par une violation despotique du droit de propriété et du régime bourgeois de production, c'est-à-dire par des mesures qui, économiquement, paraissent insuffisantes et insoutenables, mais qui, au cours du mouvement, se dépassent elles-mêmes et sont indispensables comme moyen de bouleverser le mode de production tout entier. Ces mesures, bien entendu, seront fort différentes dans les différents pays.

DE QUELLES MESURES SOCIALISTES PARLE NOTRE PETIT CHARLIE??

VOUS AVEZ CI-DESSOUS LE PREMIER PROGRAMME PRATIQUE DE CONSTRUCTION DU SOCIALISME...
ET SI NOUS LE CONFRONTONS AVEC LA RÉALITÉ ACTUELLE, ON PEUT REMARQUER DEUX CHOSES:
A) L'INFLUENCE DE MARX DANS LE MONDE ENTIER...
B) L'EXISTENCE DE PAYS QUI, APRÈS 120 ANS, NE L'ONT PAS ENCORE MIS EN PRATIQUE ET NE SE SOUCIENT PAS DE LE FAIRE. C'ÉTAIT POURTANT UN PROGRAMME RÉDUIT ET BIEN INCOMPLET...

Cependant, pour les pays les plus avancés, les mesures suivantes pourront assez généralement être mises en application :

1. Expropriation de la propriété foncière et affectatio de la rente foncière aux dépenses de l'État.

2. Impôt fortement progressif.

3. Abolition de l'héritage.

4. Confiscation des biens de tous les émigrés et rebelle

5. Centralisation du crédit entre les mains de l'État, a moyen d'une banque nationale, dont le capital appartiendra à l'État, et qui jouira d'un monopole exclusif.

6. Centralisation entre les mains de l'État, de tous les moyens de transport.

7. Multiplication des manufactures nationales et des instruments de production ; défrichement des terrains incultes et amélioration des terres cultivées, d'après un pla d'ensemble.

8. Travail obligatoire pour tous ; organisation d'armées industrielles, particulièrement pour l'agriculture

9. Combinaison du travail agricole et du travail industriel ; mesures tendant à faire graduellement disparaître la distinction entre la ville et la campagne.

10. Éducation publique et gratuite de tous les enfants ; abolition du travail des enfants dans les fabriques tel qu'il est pratiqué aujourd'hui. Combinaison de l'éducation ave la production matérielle, etc.

HERR KARL MARX (ALIAS = "LE DUR") DÉMONTRE QUE LE CAPITALISME EST INCAPABLE DE RÉSOUDRE LES PROBLÈMES DE L'HUMANITÉ ET, AU FUR ET À MESURE QUE LE SYSTÈME SE DÉVELOPPERA, TOUT IRA DE MAL EN PIS... NOUS VIVRONS UNE SORTE DE BAS-EMPIRE.

ET SI C'ÉTAIT ÇA L'IMPÉRIALISME AMÉRICAIN ?

POUR QUELLE RAISON ?

QU'EST-IL ARRIVÉ À LA BOURGEOISIE QUI AVAIT SI BIEN COMMENCÉ ?

POURQUOI NOUS A-T-ELLE DONNÉ DES ÉNERGUMÈNES COMME HITLER, MUSSOLINI, TRUJILLO, LES GORILLES BRÉSILIENS, TRUMAN, FRANCO, PINOCHET, NIXON, ETC. ?

MARX LE DIT TRÈS CLAIREMENT = TOUS LES SYSTÈMES QUI PORTENT EN EUX LA LUTTE DE CLASSES TENDENT À DISPARAÎTRE... MAIS AUPARAVANT, ILS SE DÉFENDENT COMME DES FAUVES BLESSÉS, JUSQU'À LA MORT QU'ILS REÇOIVENT DE LA MAIN DU NOUVEAU SYSTÈME DE REMPLACEMENT.

LA CRISE INTÉRIEURE DE L'EMPIRE YANKEE, LA LUTTE POUR LE SOCIALISME AU VIETNAM, À CUBA, AU CHILI, EN AFRIQUE, LA DIVISION DE L'ÉGLISE, LES MOUVEMENTS DE LIBÉRATION... SONT LES SIGNES DE LA LUTTE DÉSESPÉRÉE DU CAPITALISME POUR NE PAS DISPARAÎTRE DE LA SURFACE DU GLOBE...

LE VIETNAM ET LE CHILI DÉMONTRENT DE LA FAÇON LA PLUS ÉCLATANTE QUI SONT VÉRITABLES ENNEMIS DE L'HUMANITÉ !

123

LE CAPITALISME S'EST RÉVÉLÉ INCAPABLE DE RÉSOUDRE LES PROBLÈMES DES GENS QUI VIVENT DANS SON SYSTÈME, POUR NE PAS PARLER DES PROBLÈMES GÉNÉRAUX DE L'HUMANITÉ ET IL SE DIRIGE VERS SA CRISE FINALE...

AINSI "PROPHÉTISAIT" PAPA MARX, IL Y A DÉJÀ UN SIÈCLE...

DANS SA THÉORIE DU

MATÉRIALISME
HISTORIQUE

IL ÉTABLIT QUE L'HISTOIRE EST FAITE PAR LES HOMMES, NON PAR LE "DESTIN" OU LE FAMEUX "DOIGT DE DIEU"...

L'HISTOIRE C'EST LA VIE DES HOMMES. UN POINT C'EST TOUT

L'HUMANITÉ PENSAIT MARX, NE REÇUT AUCUNE AIDE EXTÉRIEURE POUR CRÉER SES OUTILS, AUCUN ANGE NE LUI APPARUT POUR LUI APPRENDRE À CONSTRUIRE UNE CHARRUE OU LA ROUE...

LA ROUE ?!? CE QUE JE VOUDRAIS INVENTER, C'EST LA BOUÉE !

CHAQUE GÉNÉRATION NOUVELLE, EN TRAVAILLANT, CRÉA PETIT À PETIT DE NOUVEAUX OUTILS, EN LES AMÉLIORANT CHAQUE FOIS ET PAS PAR L'OPÉRATION DU SAINT-ESPRIT ! (MÊME SI COMME NOUS L'AVONS VU, TOUS LES GRANDS INVENTEURS NE FURENT PAS ATHÉES...)

DE TOUTE FAÇON LES OUTILS NE TRAVAILLENT PAS TOUT SEULS = L'HOMME DOIT LES FAIRE MARCHER À LA "SUEUR DE SON FRONT"...

FORCES MOTRICES DE LA SOCIÉTÉ.

LES INSTRUMENTS DE PRODUCTION ET LES HOMMES QUI LES FONT PRODUIRE SONT CE QUE MARX APPELLE ———→

125

L'HOMME NE PRODUIT PAS ISOLÉMENT. SON TRAVAIL A TOUJOURS UN CARACTÈRE SOCIAL. LES HOMMES ONT FORMÉ LES SOCIÉTÉS POUR S'AIDER, SE DÉFENDRE DES ANIMAUX, TRAVAILLER AVEC DE MEILLEURS RÉSULTATS...

ET ROULER LES MOINS MALINS...

MAIS, PEU À PEU, LES POSSÉDANTS SE RÉUNIRENT ENTRE EUX POUR FAIRE PRODUIRE POUR LEUR COMPTE CEUX QUI N'AVAIENT RIEN D'AUTRE QUE LEUR FORCE DE TRAVAIL...

LA MAIN-D'OEUVRE MAÎTRE...

LES RAPPORTS QUE LES HOMMES ÉTABLISSENT (DE GRÉ OU DE FORCE) DANS LE PROCESSUS DE LA PRODUCTION DES BIENS MATÉRIELS, MARX LES APPELLE :

RAPPORTS DE PRODUCTION

(AINSI, COMME ON L'A VU, APPA-RURENT LES CLASSES SOCIALES ET DES RAPPORTS PRÉCIS S'ÉTABLIRENT ENTRE ELLES, LES UNS EXPLOITÉS, LES AUTRES EXPLOITEURS...)

L'ENSEMBLE
DES "FORCES PRO-
DUCTIVES" (OU UNI-
TÉS DE PRODUCTION)
ET DES RAPPORTS
DE PRODUCTION,
MARX
L'APPELLE=

MODE DE PRODUCTION

ET, POUR LUI
L'HISTOIRE DEVIENT
L'HISTOIRE DES
MODES DE
PRODUCTION...

L'HISTOIRE, CE N'EST PAS LA VIE ET LES AVENTURES DES
SEIGNEURS, DES ROIS, DES PRÉLATS OU DES RELIGIEUSES,
MAIS LA SUCCESSION DES DIFFÉRENTES FAÇONS DE
PRODUIRE TROUVÉES PAR L'HOMME POUR DOMINER LA NATURE,
MARX DISTINGUE 5 SYSTÈMES OU MODES:

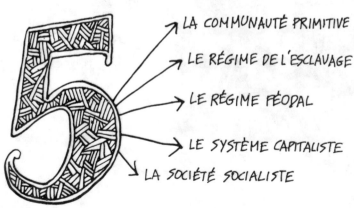

LA COMMUNAUTÉ PRIMITIVE

LE RÉGIME DE L'ESCLAVAGE

LE RÉGIME FÉODAL

LE SYSTÈME CAPITALISTE

LA SOCIÉTÉ SOCIALISTE

LA COMMUNAUTÉ PRIMITIVE

ET LE RÉGIME DE L'ESCLAVAGE SONT CONNUS ET COMPRIS DE TOUS.

LE SYSTÈME QUE NOUS ALLONS EXPLIQUER EN DEUX MOTS, C'EST LA...

féodalité

(J'ESPÈRE QUE MA FEMME COMPRENDRA AUSSI.)

QU'EST-CE QUE C'EST, CETTE FÉODALITÉ, MON PETIT ?

FÉODALITÉ VIENT DU MOT LATIN "FEODALIS".- C'EST AINSI QUE L'ON APPELAIT LES TERRES QUE LE SOUVERAIN DISTRIBUAIT À SES DIGNITAIRES EN ÉCHANGE DE LEUR APPUI.

UX QUI Y VIVAIENT
AIENT PROPRIÉTAIRES
E LEUR PETIT LOPIN
TERRE, MAIS LEUR
AVAIL APPARTENAIT
SEIGNEUR FÉODAL
QUEL ILS DEVAIENT
YER DES IMPÔTS ET
ÊTER ASSISTANCE EN
S DE GUERRE...
UAND NOUS ÉCRIVONS
OUVERAIN" VOUS POUVEZ
SALEMENT LIRE "PAPE,"
R L'ÉGLISE DU CHRIST
TAIT, ELLE AUSSI, UN
OYAUME COMME LES
UTRES (OU PEUT-ÊTRE PIRE).

SOUS LE RÉGIME FÉODAL, LES CLASSES SOCIALES, VUES DE HAUT EN BAS, ÉTAIENT =

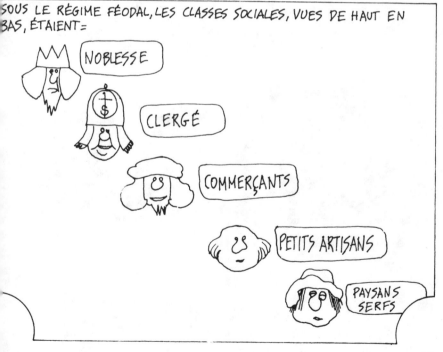

NOBLESSE

CLERGÉ

COMMERÇANTS

PETITS ARTISANS

PAYSANS SERFS

129

AVEC LE TEMPS, LES COMMERÇANTS ET LES PETITS ARTISANS AVAIENT GRANDI EN NOMBRE (ET EN PUISSANCE) ET REFUSAIENT LE JOUG IMPOSÉ PAR LES NOBLES ET LE CLERGÉ. LES INTELLECTUELS APPARAISSENT, ET AVEC EUX DE NOUVELLES IDÉES DE LIBERTÉ. UN NOUVELLE CLASSE NAÎT = LA

BOURGEOISIE

J'EN AI MARRE DE PAYER DES IMPÔTS À CES ÉVÊQUES ET À CES ROIS DE MALHEUR: **VIVE** LA **LIBERTÉ** BON DIEU !!

LE COMMERCE ALLAIT MODIFIER LES FORMES DE PRODUCTION: LA BOURGEOISIE AVAIT BESOIN DE MARCHÉS POUR LES PRODUITS QUI SORTAIENT DE SES ATELIERS, MAIS SON APPÉTIT DU GAIN ÉTAIT BRIDÉ PAR LE MODE DE PRODUCTION FÉODAL... TANT ET SI BIEN QU'ON VIT ÉCLATER LES RÉVOLUTIONS BOURGEOISES CONTRE LE ROI ET L'ÉGLISE, ELLES DONNÈRENT LE JOUR À UN NOUVEAU "SYSTÈME DE PRODUCTION":

LE CAPITALISME...

LE CAPITALISME A DÉJÀ UN ÂGE VÉNÉRABLE. IL NAQUIT PRATIQUE-MENT EN 1789 À PARIS AVEC LA RÉVOLUTION FRANÇAISE...

LA RÉVOLUTION FRANÇAISE FUT, AVANT TOUT, UN MOUVEMENT DE LIBÉRATION. MAIS DE QUOI ?
DU POUVOIR DU ROI ET DU CLERGÉ. ET POUR QUOI ? POUR DÉFENDRE LA PROPRIÉTÉ PRIVÉE ET LA LIBERTÉ DU COMMERCE...
QUI Y TROUVA SON COMPTE ?
LA BOURGEOISIE, C'EST-À-DIRE LES RICHES QUI SOUHAITAIENT LA LIBERTÉ POUR FAIRE PLUS D'ARGENT ET DEMANDAIENT CELLE DES ESCLAVES POUR POUVOIR LES ACHETER PLUS LIBREMENT.

LA RÉVOLUTION FRANÇAISE FUT UNE LUTTE GÉNÉRALE DES CLASSES, UNE BATAILLE À DÉCOUVERT DANS LAQUELLE TOUS PRIRENT POSITION CONTRE L'ENNEMI COMMUN: LA NOBLESSE ET LE CLERGÉ. UNE FOIS BATTU, CE POUVOIR FUT SUPPLANTÉ PAR LA CLASSE QUI SUIVAIT = LA BOURGEOISIE. LES PAYSANS Y GAGNÈRENT LA PROPRIÉTÉ DE LA TERRE QUANT AUX SERFS ILS N'EN RETIRÈRENT RIEN DU TOUT...

A PART LA "LIBERTÉ" DE CHANGER DE PATRON...

131

A LA FIN DE LA RÉVOLUTION
BOURGEOISE OU FRANÇAISE
(C'EST PAREIL) APPARUT LA
RÉVOLUTION INDUSTRIELLE.
L'HUMANITÉ CRÉA LES MACHINES
QUI REMPLACÈRENT L'ARTISANAT
MANUEL ET CELA BOULEVERSA
LE MODE DE PRODUCTION...

D'ACCORD MAIS
CES FOUTUES
MACHINES NE
TRAVAILLENT PAS
TOUTES
SEULES!!

LA MACHINE PRODUCTRICE DE BIENS APPORTE AVEC ELLE
DE NOUVELLES CLASSES SOCIALES = LES <u>CAPITALISTES</u>,
OU PATRONS DES MACHINES ET LES <u>OUVRIERS</u>,
CHARGÉS DE FAIRE TRAVAILLER CES SACRÉS
ENGINS. AINSI SE CRÉE UN NOUVEAU MODE
DE PRODUCTION QUE MARX APPELLE LE

capitalisme

L'OUVRIER N'EST PLUS L'ESCLAVE DU
SEIGNEUR FÉODAL, C'EST UN CITOYEN
"LIBRE" (LIBRE DE SE VENDRE AU
PLUS OFFRANT).

BON! Y'A PERSONNE QUI
ME DONNERAIT UN PETIT
QUELQUE CHOSE DE PLUS?

TOUT LE MONDE SE
FROTTAIT DÉJÀ LES
MAINS (Y COMPRIS HEGEL),
EN PENSANT QUE, AVEC
LE CAPITALISME, LA SOCIÉTÉ
AVAIT ENFIN TROUVÉ LA
BONNE VOIE ET VOILÀ
CE MARX QUI VIENT
JOUER LES TROUBLE-FÊTE!...

MAIS QUI
DIABLE L'A
INVITÉ CETTE
ESPÈCE DE
BARBU ?

AVEC SA LUTTE DE
CLASSES-INÉVITABLE
ET HISTORIQUE-
MARX PORTA UN
COUP BAS AU
CAPITALISME=
TÔT OU TARD,
DISAIT-IL, LE
CAPITALISME
DEVRA CÉDER LE
PAS À UN NOUVEAU
SYSTÈME, MEILLEUR ET
PLUS JUSTE...

LE SOCIALISME

GULP...

133

MARX DÉMONTRE QUE LES LOIS DU DÉVELOPPEMENT HISTORIQUE DÉTERMINENT LA SUCCESSION INÉVITABLE DES MODES DE PRODUCTION; DE LA COMMUNAUTÉ PRIMITIVE À L'ESCLAVAGE, PUIS À LA FÉODALITÉ ET DE LÀ AU CAPITALISME... D'OÙ LA RÉACTION :

DANS CE CAS, POURQUOI LA LUTTE DE CLASSES?

POURQUOI LUTTER POUR LE SOCIALISME ET CONTRE LA POLICE, SI ÇA DOIT VENIR TOUT SEUL?

CE SONT LES HOMMES QUI FONT L'HISTOIRE, PAS LE CONTRAIRE...

L'HISTOIRE NE FAIT RIEN, N'ENGENDRE AUCUNE LUTTE = CE SONT LES HOMMES QUI FONT TOUT...

LE CAPITAL RÉSISTE À LUI-MÊME ET À SA DESTRUCTION, CE SONT SES PROPRES CONTRADICTIONS QUI LUI PORTENT LE COUP FATAL PAR L'INTERMÉDIAIRE D'UN ADVERSAIRE QUI SE DÉVELOPPE INDÉPENDAMMENT DE LUI :

LE PROLÉTARIAT

MARX répond:

MARX SAIT PARFAITEMENT QUE LE RICHE NE LÂCHERA JAMAIS DE SON PLEIN GRÉ SES RICHESSES ET SES PRIVILÈGES...

IL FAUT TROUVER DES MOYENS DE PERSUASION...

A PAROLE! AIMERAIS VOIR OMMENT S'Y PREN- RA LA PLÈBE OUR CONQUÉRIR E POUVOIR...

POUR CETTE OUTRE DE PRINCE RUSSE ET POUR TOUS CEUX QUI LE DÉSIRAIENT, MARX EXPLIQUA LA FORMULE DE TRANSFORMATION D'UNE SOCIÉTÉ CAPITALISTE EN SOCIÉTÉ SOCIALISTE= EXPROPRIER LES MOYENS DE PRODUCTION, REMPLACER LE GOUVERNEMENT ET L'ADMINISTRATION... EN UN MOT PRENDRE LE POUVOIR... MAIS COMMENT LES OUVRIERS PEUVENT-ILS LE PRENDRE !!??

135

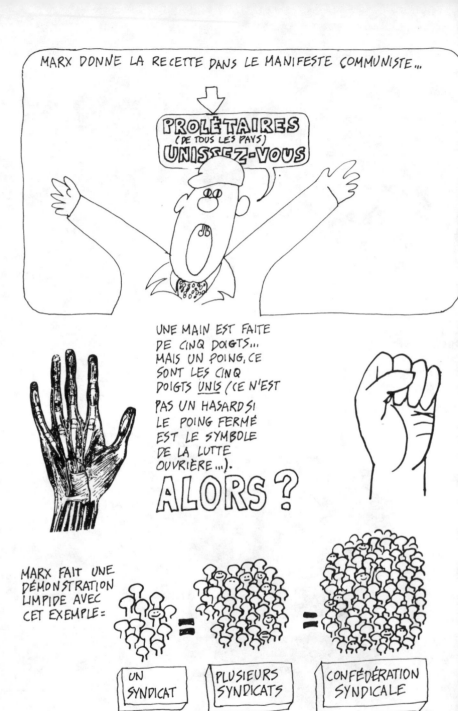

MARX DONNE LA RECETTE DANS LE MANIFESTE COMMUNISTE...

PROLÉTAIRES
(DE TOUS LES PAYS)
UNISSEZ-VOUS

UNE MAIN EST FAITE DE CINQ DOIGTS... MAIS UN POING, CE SONT LES CINQ DOIGTS UNIS (CE N'EST PAS UN HASARD SI LE POING FERMÉ EST LE SYMBOLE DE LA LUTTE OUVRIÈRE...).

ALORS ?

MARX FAIT UNE DÉMONSTRATION LIMPIDE AVEC CET EXEMPLE=

UN SYNDICAT = PLUSIEURS SYNDICATS = CONFÉDÉRATION SYNDICALE

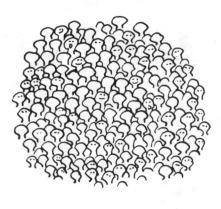

UN PARTI
OUVRIER !

DANS SA LUTTE CONTRE LE POUVOIR UNIFIÉ DES PATRONS,
SEULE LA CLASSE OUVRIÈRE, EN TANT QUE CLASSE
ORGANISÉE, PEUT CRÉER SON PROPRE PARTI POUR L'OPPOSER
À TOUTES LES VIEILLES LUNES DE LA CLASSE DOMINANTE...

L'INTERNATIONALE

MAIS UN PARTI DE
MASSE NE SE CRÉE
PAS DU JOUR AU
LENDEMAIN !

NI PAR
DÉCRET
DE
LA CHAMBRE...

LA PREMIÈRE CHOSE À FAIRE, C'EST DE CONVAINCRE L'OUVRIER QUE SEULE L'UNION LUI PERMETTRA DE CHANGER SON EXISTENCE. IL DOIT PRENDRE CONSCIENCE DE SA FORCE, DE LA RAISON POUR LAQUELLE IL VIT MAL ET SAVOIR QUE LE CAPITALISME NE POURRA JAMAIS L'AIDER À RÉSOUDRE SES PROBLÈMES ALORS QUE LE SOCIALISME...

EN UN MOT IL FAUT LE → POLITISER

SEULE UNE CLASSE OUVRIÈRE POLITISÉE POURRA PASSER À L'ÉTAPE SUIVANTE: LA LUTTE ORGANISÉE POUR LA SAUVEGARDE DE SES DROITS...

À L'ÉPOQUE DE MARX ON PENSAIT DÉJÀ QUE LA LUTTE SYNDICALE SERVAIT UNIQUEMENT À OBTENIR DES SALAIRES PLUS ÉLEVÉS ET DE MEILLEURES CONDITIONS DE VIE. POUR MARX, C'EST UN SYNDICALISME MAL COMPRIS...

"LES COMMUNISTES LUTTENT POUR ATTEINDRE LES OBJECTIFS ET SERVIR LES INTÉRÊTS IMMÉDIATS DE LA CLASSE OUVRIÈRE, MAIS ILS DOIVENT EN MÊME TEMPS DÉFENDRE L'AVENIR DU MOUVEMENT..."

L'OBJECTIF PREMIER D'UN SYNDICAT OUVRIER DOIT ÊTRE L'AVÈNEMENT DU SOCIALISME, SOUS PEINE DE PASSER SON TEMPS, COMME LES SYNDICATS AMÉRICAINS, À LUTTER UNIQUEMENT POUR ENQUIQUINER LE CAPITALISME, TOUT EN EN PROFITANT...

MERCI PATRON!
MERCI PATRON!
POUR LES RALLONGES!

DE NOMBREUX LECTEURS SE DEMANDENT CERTAINEMENT:
PAR LA VOIE PACIFIQUE OU PAR LA RÉVOLUTION ARMÉE?

CONTRE LE PARTI OUVRIER, LE GOUVERNEMENT EMPLOIE L'ARMÉE, LA POLICE, LES LOIS, LA RÉPRESSION ET TOUT SON APPAREIL DE PROPAGANDE!

QUANT À MOI, JE RAJOUTE UN PETIT QUELQUE CHOSE COMME AU CHILI...

CIA

TÔT OU TARD, DISAIT MARX, LES DIFFÉRENDS S'ENVENIMERONT ET LA CLASSE OUVRIÈRE EN VIENDRA À LA RÉVOLUTION. AVEC UN PARTI OUVRIER, LE PROLÉTARIAT PEUT OBTENIR PAS MAL DE CHOSES DE LA CLASSE CAPITALISTE, MAIS CELA NE CHANGERA RIEN À SA SITUATION DE CLASSE EXPLOITÉE (PLUS OU MOINS EXPLOITÉE, C'EST VRAI, MAIS EN AUCUN CAS, LIBRE...)

LA LUTTE DE LA CLASSE OUVRIÈRE (ET PAYSANNE) DANS LES SYNDICATS LES PARTIS POLITIQUES ET JUSQUE DANS LES ASSEMBLÉES N'EST QU'UN MOYEN DE SE PRÉPARER, DE S'ORGANISER ET D'ACQUÉRIR DES FORCES POUR PORTER LE DERNIER COUP...

"AU MOMENT OÙ LA LUTTE DE CLASSES APPROCHE DU MOMENT DÉCISIF, LE PROCESSUS DE DÉCOMPOSITION DE LA CLASSE DOMINANTE, DE LA VIEILLE SOCIÉTÉ, EST D'UNE VIOLENCE TELLE...

...QU'UNE PETITE FRACTION (DE LA CLASSE DOMINANTE) SE SÉPARE DE CETTE DERNIÈRE ET REJOINT LA CLASSE RÉVOLUTIONNAIRE, AINSI QUE FIT, DANS LE PASSÉ, UNE PARTIE DE LA NOBLESSE QUI SE RALLIA À LA BOURGEOISIE

CETTE PETITE FRACTION DE BOURGEOISIE, CE SONT LES INTELLECTUELS, TELS MARX ET ENGELS, LÉNINE, MAO, HO-CHI-MINH, CASTRO, LE "CHÉ" ET TANT D'AUTRES QUI, SEULS, N'AURAIENT RIEN FAIT... COMME LES ÉTUDIANTS QUI NE POURRONT RIEN CHANGER S'ILS NE S'UNISSENT PAS AUX OUVRIERS ET AUX PAYSANS... (AMEN!)

MARX NE CONCEVAIT PAS UN MOUVEMENT OUVRIER SÉPARÉ DE LA THÉORIE SOCIALISTE: UN PARTI SOCIALISTE SANS LA MASSE DERRIÈRE LUI EST UN NON-SENS, UN CORPS SANS TÊTE, TELS DE NOMBREUX PARTIS DE GAUCHE, QUI ONT PERDU CONSCIENCE DES PROBLÈMES OUVRIERS ET PAYSANS.

BOF! TOUT DU VENT!

A THÉORIE DE MARX DUT ATTENDRE 34 ANS APRÈS LA MORT DE KARL POUR ÊTRE MISE EN PRATIQUE ET DANS UN PAYS OÙ PERSONNE NE L'AURAIT CRUE RÉALISABLE: LA RUSSIE. CELA GRÂCE À LA TÉNACITÉ ET À LA LARGEUR DE VUE D'UN MARXISTE "BOURGEOIS" IL S'APPELAIT

LÉNINE

..."LA THÉORIE DE MARX N'EST SI FORTE QUE PARCE QU'ELLE EST EXACTE. ELLE EST COMPLÈTE ET HARMONIEUSE: ELLE APPORTE AUX HOMMES UNE CONCEPTION DU MONDE INTÈGRE, SANS COMPROMIS AVEC LES SUPERSTITIONS ET LES DÉFENSES DE L'OPPRESSION BOURGEOISE. C'EST LE VÉRITABLE ÉTENDARD DE LA PLUS BELLE CRÉATION DE L'HUMANITÉ: LA PHILOSOPHIE ALLEMANDE, L'ÉCONOMIE POLITIQUE ANGLAISE ET LE SOCIALISME FRANÇAIS."...

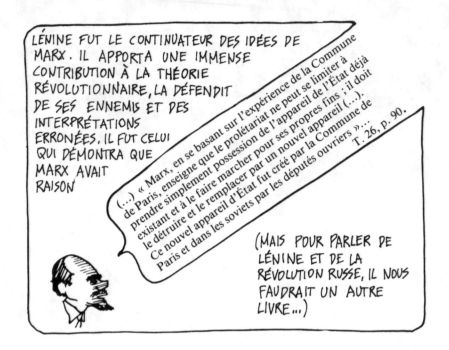

LÉNINE FUT LE CONTINUATEUR DES IDÉES DE MARX. IL APPORTA UNE IMMENSE CONTRIBUTION À LA THÉORIE RÉVOLUTIONNAIRE, LA DÉFENDIT DE SES ENNEMIS ET DES INTERPRÉTATIONS ERRONÉES. IL FUT CELUI QUI DÉMONTRA QUE MARX AVAIT RAISON

(...) « Marx, en se basant sur l'expérience de la Commune de Paris, enseigne que le prolétariat ne peut se limiter à prendre simplement possession de l'appareil de l'État déjà existant et à le faire marcher pour ses propres fins ; il doit le détruire et le remplacer par un nouvel appareil (...). Ce nouvel appareil d'État fut créé par la Commune de Paris et dans les soviets par les députés ouvriers »...
T. 26, p. 90.

(MAIS POUR PARLER DE LÉNINE ET DE LA RÉVOLUTION RUSSE, IL NOUS FAUDRAIT UN AUTRE LIVRE...)

ARRIVÉS LÀ, JE CROIS QUE C'EST LE MOMENT D'ÉCRIRE LE MOT

(ENFIN PAS TOUT À FAIT...)

PETIT LEXIQUE DES TERMES MARXISTES*

* CETTE LECTURE N'EST PAS OBLIGATOIRE POUR LE MOMENT=

PRENEZ D'ABORD QUELQUES JOURS DE VACANCES, PUIS REMETTEZ-VOUS AU TRAVAIL, AVEC L'ESPOIR QUE CE QUI SUIT SERA PLUS CLAIR QUE LES PAGES PRÉCÉDENTES...

* CETTE LECTURE N'EST
PAS OBLIGATOIRE POUR
LE MOMENT :
PRENEZ D'ABORD
QUELQUES JOURS DE
VACANCES, PUIS REMETTEZ-
VOUS AU TRAVAIL. AVEC
L'ESPOIR QUE CE QUI SUIT
SERA PLUS CLAIR QUE
LES PAGES PRÉCÉDENTES....

AGNOSTICISME / (du grec « agnostos » : qui ignore). Doctrine philosophique qui soutient que la raison humaine est limitée et que la vraie nature des choses est inaccessible à l'homme. Suivant les agnostiques, le monde que nous observons et où nous vivons n'est pas une réalité objective, mais un produit de l'activité de notre raison et de nos sens. L'agnosticisme est réfuté par l'expérience et la pratique, maintenant que la science nous a ouvert le domaine de la connaissance. Seule subsiste une différence : entre ce qui est déjà connu et ce qui est encore à connaître. Hume, Kant, Comte, Spencer, Mach furent agnostiques.

ANALYSE ET SYNTHÈSE / 1) Analyse (du grec : décomposition). Décomposition d'un objet ou d'un phénomène dans leurs parties constituantes les plus simples. 2) Synthèse (du grec : composition). Réunion des constituants d'un objet ou d'un phénomène en un tout. La métaphysique oppose l'analyse à la synthèse. La dialectique matérialiste, au contraire, soutient l'unité des deux : « Sans analyse, il n'y a pas de synthèse ». (Engels). Ainsi en analysant le corps humain, les savants étudient ses organes séparément, mais pour la complète et profonde compréhension de la signification et de la fonction de chaque organe, la seule analyse ne suffit pas, il est nécessaire de prendre l'organisme comme un tout et d'en étudier les parties dans leur synthèse.

ANIMISME / (du latin « anima » : âme) Spiritualisation des phénomènes naturels, croyance que derrière chaque objet de la nature se cache un esprit invisible. « Cette tendance à la personnification eut pour conséquence la création des dieux. » (Engels). L'animisme primitif fut la base de la religion et de la philosophie idéaliste.

ANTAGONISME / Contradiction inconciliable qui se résout par la violence. Ainsi, la contradiction entre bourgeoisie et classe ouvrière, résolue par la révolution socialiste. Les contradictions entre la classe ouvrière et les paysans n'ont pas de caractère antagoniste.

ANTIDÜRING / Titre abrégé d'un ouvrage de Engels : « La Révolution scientifique de M. Eugène Düring », classique de la littérature marxiste. L'œuvre fut rédigée contre le philosophe allemand Düring qui pensait réfuter la doctrine marxiste, en faisant appel à la métaphysique. L'Anti-Düring nous donne une synthèse magistrale de 40 ans de lutte et d'études de Karl Marx.

ATHÉISME / (du grec « sans dieu ») Négation scientifique de la religion. L'athéisme naquit dans la Grèce antique avec les matérialistes. Démocrite et Epicure, qui niaient le surnaturel et enseignaient que le monde n'est rien d'autre que de la matière composée d'atomes.

ATOME / La notion d'atome fut introduite pour la première fois dans la science par Démocrite et Epicure. Le physicien Newton et les philosophes Holbach et Gassendi travaillèrent sur cette théorie.

BASE ÉCONOMIQUE / Mode de production qui est à la base d'un régime social particulier. La base économique de la société détermine toutes les superstructures sociales : l'État, les institutions politiques, les idées, les théories, etc. « Les structures de chaque société ne peuvent changer rapidement qu'en révolutionnant la base économique » (Marx).

BASE ET SUPERSTRUCTURE / Le mode de production, c'est-à-dire les forces productives et les rapports de production constituent la base économique, le fondement de la société. Avec les modifications de la base, se modifient plus ou moins rapidement les superstructures, à savoir, le régime politique, la religion, la philosophie, la morale, la science, etc.

BOND / Transition rapide d'une qualité à une autre. « La transition d'une forme de mouvement à une autre procède toujours par bonds et ne se résout que par la révolution ». (Engels). Le bond nécessite l'accumulation préalable d'une certaine quantité de changements qualitatifs graduels.
Une révolution détermine de nouvelles formes sociales : c'est un bond. Les réactionnaires, les opportunistes et les réformistes s'élèvent contre la loi du développement par bonds (la révolution).

LE CAPITAL / Principale œuvre de Marx. Analyse détaillée des lois du développement économique du capitalisme, mais aussi immense ouvrage historique et philosophique. Développement fondamental de la théorie du matérialisme historique.

CATÉGORIES / Notions qui expriment les relations et les lois essentielles du monde réel. Les catégories et les notions sont, dans le matérialisme dialectique : la matière, le mouvement, l'espace, le temps, la nécessité, la causalité, la quantité, la substance, la forme, le contenu, etc. ; et dans le matérialisme historique : la structure économico-sociale, les forces productives, les rapports de production, la base et les superstructures, l'idéologie, etc.
Les catégories et les notions représentent une généralisation des processus et des phénomènes de la nature, indépendants de la conscience de l'homme.

CAUSALITÉ / Une des formes d'interdépendance générale des phénomènes du monde objectif. En substance, cause et effet « sont seulement des moments de l'interdépendance et de la relation universelle, de l'enchaînement des événements ; ils sont surtout présents dans la chaîne du développement de la matière. » (Lénine). Dans le monde il n'y a pas de phénomène sans cause, tous les phénomènes naturels ont une cause naturelle et matérielle. Cause et effet sont en relation réciproque. Il existe entre eux une relation interne, régie par des lois. Ainsi, dans le système socialiste, le développement de la technique devient une cause du bien-être (effet) des travailleurs.

CLASSES SOCIALES / « Les classes sont des groupes dans lesquels les uns peuvent s'approprier le travail des autres, grâce à la position différente qu'ils occupent dans un ordre social déterminé. » (Lénine). Les contradictions entre les classes conduisent inévitablement à une lutte entre exploités et exploiteurs. La révolution prolétarienne, en détruisant le régime capitaliste et en instaurant le socialisme, élimine la propriété privée des moyens de productions, conduit à la suppression des classes et met fin à l'exploitation de l'homme par l'homme.

COMMUNISME / Doctrine fondée par Marx et Engels sur la base de la conception matérialiste de l'histoire. Le communisme est l'étape qui suit le socialisme quand cessent d'exister les classes socia-

les. Le communisme n'existe encore dans aucun pays, car l'U.R.S.S., la Chine et les autres pays socialistes sont dans la phase du socialisme où la lutte de classes n'est pas encore terminée. L'U.R.S.S., depuis l'ère Khrouchtchev, prétend que la phase de la lutte de classes est terminée : l'Union soviétique serait désormais « l'État du peuple tout entier » — ce que contestent vivement les Chinois.

CONCEPTION IDÉALISTE DE L'HISTOIRE / Jusqu'à Marx, l'idéalisme fut la tendance dominante dans la conception de l'histoire et même les matérialistes français du XVIIᵉ siècle concluaient que la vie de la société est déterminée par les idées. « Les opinions gouvernent le monde », disaient-ils. Ils considéraient le développement historique comme le résultat d'une série de hasards heureux ou malheureux et non comme conséquence d'un développement de la société, soumis à des lois.
Les populistes prétendaient que l'histoire est faite par les « héros », les chefs, les personnalités illustres. Marx fut le premier à démontrer que le développement de la production matérielle est la base du développement social.

CONDITIONS DE LA VIE MATÉRIELLE DE LA SOCIÉTÉ / Les éléments déterminants des conditions de vie matérielle de la société sont : 1) la nature qui entoure la société, sa situation géographique ; 2) la population et sa densité ; 3) la production grâce à laquelle les hommes créent les biens matériels nécessaires à leur existence.
La force fondamentale qui détermine le développement de la société et son passage d'un régime social à un autre est la production matérielle, le développement des « forces productives de la société. »

DARWIN Charles (1809-1882) / Célèbre savant anglais, fondateur de la théorie de l'évolution. « Darwin mit fin à la croyance que les espèces animales et végétales n'avaient pas de relations entre elles, sinon par hasard, et qu'elles étaient créées par Dieu, donc immuables. » (Lénine)

DÉTERMINISME ET INDÉTERMINISME / Déterminisme : doctrine sur la relation nécessaire entre les événements et les phénomènes et sur leur conditionnement

HEGEL Frédéric (1770-1831) / Philosophe allemand, dialectique et idéaliste. La nature, suivant Hegel, ne se développe pas dans le temps, et ne varie éternellement que dans l'espace.

La partie la plus valable de la philosophie idéaliste hégélienne est la méthode dialectique qu'elle adopte : l'idée se développe à partir des contradictions dialectiques ; la transition des mutations quantitatives aux mutations qualitatives tire son origine de ce développement ; la vérité est concrète ; le processus de développement de la société humaine se réalise en se soumettant à des lois et non par hasard ou sous la pression des fortes personnalités. Pourtant, Hegel fut pusillanime et inconséquent ; il plia devant la monarchie féodale prussienne, et minimisa, par souci de ses intérêts, ses thèses dialectiques. « Ma méthode dialectique, disait Marx, non seulement se distingue de la méthode hégélienne dans son fondement, mais elle en est absolument l'opposé. » Pour Hegel, c'est la pensée qui crée la réalité ; c'est l'inverse pour Marx : l'idée n'est rien d'autre que la matière absorbée et transformée par la pensée de l'homme.

HUMANISME / Courant culturel qui se développa aux XIVᵉ, XVᵉ et XVIᵉ siècles. Conception du monde propre à la bourgeoisie naissante, qui luttait pour libérer la personne humaine et la science de l'asservissement à la féodalité religieuse. Pétrarque, Boccace, Erasme et Machiavel furent des représentants de l'humanisme bourgeois. L'humanisme ne peut exister sous un régime capitaliste, car il s'oppose à l'exploitation de l'homme par l'homme, essence même du capitalisme. Seule la réelle libération de l'homme peut amener un humanisme authentique.

HUME David (1711-1776) / Philosophe anglais, historiographe et économiste. Agnostique, il estimait insoluble le problème de l'existence ou de la non-existence de la réalité objective. Il affirmait que nous ne savons pas comment sont les choses en soi et si elles existent ou non. Niant la base matérielle des choses et la causalité, Hume en arrivait à la conclusion qu'il existe un seul courant de perceptions psychologiques dans la conscience humaine et que la science conduit uniquement à la simple description de ce courant sans possibilité d'en comprendre et d'en concevoir les lois.

IDÉALISME / Philosophie qui considère le monde comme l'incarnation d'une « idée universelle », d'une « conscience ». L'idéalisme est étroitement lié à la religion et conduit plus ou moins ouvertement à l'idée de Dieu.

IDÉOLOGIE / Ensemble d'idées, de notions, de représentations et de concepts déterminés. La politique, la science, le moral, l'art, la religion, etc., sont des formes d'idéologie. Toutes les idéologies sont un reflet de l'existence sociale. Dans la société de classes, l'idéologie exprime et défend les intérêts des classes en lutte. Dans la société bourgeoise la lutte se développe entre idéologie bourgeoise et idéologie socialiste. Il n'y a pas de terme intermédiaire, car ainsi que l'affirmera Lénine, l'humanité n'a pas élaboré de « troisième » idéologie.

INDUCTION / Induction : méthode de raisonnement qui consiste à aller du particulier au général, des faits à la généralisation. Déduction : méthode de raisonnement qui consiste à aller du général au particulier, des affirmations générales aux conclusions particulières.

INSTRUMENTS DE PRODUCTION / Éléments principaux des forces productives (instruments, machines, outils) à l'aide desquelles l'homme agit sur la nature et la transforme en biens matériels. « Les époques économiques ne diffèrent pas tant par ce que l'on y produit, par quels moyens de travail. Les moyens de travail ne sont pas seulement la mesure de la force-travail humaine, mais également l'indice des relations dans lesquelles s'exécute le travail. » (Marx).

KANT Emmanuel (1724-1804) / Fondateur de l'idéalisme classique allemand ; il cherche à concilier le matérialisme et l'idéalisme. « Lorsque Kant admet qu'à nos représentations correspond, en dehors de nous, une certaine « chose en soi », Kant est matérialiste ; quand il déclare impossible à connaître cette « chose en soi », Kant devient idéaliste. » (Lénine).

Comme Kant le déclare lui-même, le problème de sa théorie de la connaissance était une sorte de délimitation des droits de la raison, dans laquelle il y avait une place pour Dieu, mais au-delà des limites de la connaissance. Dans sa doctrine éthique, Kant considérait « nécessaire » de reconnaître l'existence de Dieu et l'immortalité de l'âme pour maintenir la morale.

LIBERTÉ ET NÉCESSITÉ / Les métaphysiciens opposent souvent la liberté et la nécessité. Certains affirment que la volonté est absolument libre, c'est-à-dire que rien ne la conditionne. D'autres soutiennent que le libre arbitre n'existe pas, mais seulement la nécessité absolue. Ou liberté, ou nécessité.
Du point de vue marxiste, c'est une position antiscientifique en ce sens que la liberté ne consiste pas en une indépendance imaginaire, au regard des lois de la nature, mais dans la connaissance de ces lois, dans la possibilité de les appliquer positivement à l'action pratique. « La liberté, disait Engels, consiste dans la domination de soi-même et de la nature extérieure, domination basée sur la connaissance des nécessités de la nature. En conséquence, la liberté est la nécessité consciente. Sans la compréhension de la nécessité, on ne peut atteindre à la vraie liberté. »

LOGIQUE FORMELLE / Théorie concernant les lois de la pensée humaine et séparant la nature de la recherche de ces lois. Cette logique ne se préoccupe pas de la vérité matérielle (fidèle reflet et concept des phénomènes naturels) mais de la vérité formelle, d'où la dénomination de « logique formelle ». Elle est la base de la méthode métaphysique. La dialectique (logique matérialiste) est contraire à la logique formelle en ce qu'elle considère que le contenu de la pensée, les principes ou les lois de la logique doivent correspondre à la matière, à la nature, et aux lois qui la régissent.
La logique formelle affirme que tous les objets et les concepts sont toujours égaux à eux-mêmes (A = A). La dialectique matérialiste démontre que chaque objet est et n'est pas identique à lui-même car il est toujours pris dans un processus de développement.

LUTTE DE CLASSES / Lutte entre exploités et exploiteurs. Démonstration que les intérêts des classes ne peuvent pas se concilier. Les formes de lutte de classes

sont diverses : économique, politique, idéologique, théorique. Mais toutes les formes de lutte sont subordonnées aux problèmes de la lutte politique. Avec l'instauration de la dictature du prolétariat, la lutte de classes ne cesse pas, mais prend de nouvelles formes.

MARXISME-LÉNINISME / Théorie du mouvement de libération du prolétariat ; théorie et pratique de la dictature du prolétariat ; théorie de la construction de la société communiste.

MATIÈRE / De par sa nature le monde est matériel. La variété des phénomènes que l'on observe dans la nature correspond aux formes distinctes de la matière en mouvement. « La matière, écrit Lénine, est une catégorie philosophique pour désigner la réalité objective qui se présente à l'homme à travers ses perceptions, elle se copie, se photographie et se reflète à travers nos sensations, tout en ayant une existence propre et indépendante d'elles. »

MATÉRIALISME / Une des deux tendances principales de la philosophie qui donne l'unique réponse au problème fondamental de la relation entre pensée et existence. Le matérialisme reconnaît la matière comme l'élément premier, la conscience et la pensée comme les éléments seconds. Il s'appuie sur la science et en particulier sur les sciences naturelles. Le matérialisme dialectique reprend toute la tradition matérialiste de la science qui l'a précédé, en réélaborant tout ce qu'elle avait apporté de valable.

MATÉRIALISME DIALECTIQUE / Doctrine philosophique formulée par Marx et Engels, ainsi dénommée parce qu'elle est dialectique dans sa façon d'affronter, d'étudier et de connaître les phénomènes de la nature et matérialiste dans sa façon de les interpréter et d'en tirer une théorie. Le matérialisme dialectique est l'unique interprétation scientifique du monde ; il s'oppose à l'idéalisme qui offre une interprétation basée sur la religion.

MATÉRIALISME HISTORIQUE / Doctrine marxiste sur le développement de la société humaine. Le matérialisme historique voit, dans le développement des biens matériels nécessaires à l'existence de l'homme, la force principale qui détermine toute la vie sociale et conditionne la transition d'un régime social à l'autre.

L'accroissement de la puissance de l'homme sur la nature trouve son expression dans le développement des forces productives de la société. La mutation des formes économico-sociales dans l'histoire (régime communautaire primitif, esclavagiste, bourgeois, capitaliste, socialiste) est, avant tout, le changement de certains rapports de production par d'autres plus progressistes. Ce changement est toujours un effet nécessaire, soumis à des lois, du développement des forces productives d'une société.

La découverte de la base réelle de la vie et du développement de la société (la production matérielle) permit de comprendre pour la première fois l'importance de l'esprit créateur des masses populaires. Ce ne sont pas les grands hommes qui ont fait l'histoire, mais les travailleurs, force principale du processus de production et réalisateurs des biens matériels, nécessaires à la substance de la société.

MATÉRIALISME MÉCANISTE / Le matérialisme mécaniste cherche à expliquer tous les phénomènes de la nature par des lois de la mécanique. Il considère le mouvement non comme un changement en général, mais comme un déplacement mécanique des corps dans l'espace, dû à une influence externe : la rencontre de deux corps. Le matérialisme mécaniste nie le mouvement spontané des corps, leur changement qualificatif, le développement par bonds, le passage de l'inférieur au supérieur.

MÉTAPHYSIQUE / (du grec : ce qui est au-delà de la physique) La méthode métaphysique affirme que les choses et leurs reflets intellectuels, c'est-à-dire les concepts, sont essentiellement distincts, immuables, pétrifiés, donnés une fois pour toutes, soumis à l'investigation l'un après l'autre ou indépendamment l'un de l'autre. Les métaphysiciens posent en principe que la nature est en état de repos, d'immobilité, d'inamovibilité, d'immutabilité. Ils considèrent le processus de développement uniquement sur le plan quantitatif et non qualitatif. En se plaçant sur le plan politique, les métaphysiciens sont ceux qui nient la

lutte de classes et cherchent à démontrer que la transition du capitalisme au socialisme peut être réalisée sans rupture, par la fusion pacifique du capitalisme dans le socialisme.

MÉTHODOLOGIE / Doctrine de la méthode ; ensemble de procédés et de méthodes d'investigation, applicables à toutes les sciences.

MONISME / (du grec « monos » : un). Doctrine philosophique qui, contrairement au dualisme, reconnaît comme cause de l'existence, un seul principe. Les matérialistes par exemple, considèrent comme cause unique des phénomènes, la matière. Les idéalistes monistes, l'esprit ou Dieu.

MORALE, MORALITÉ / Normes de vie en société, conduite des hommes, une des formes de conscience sociale. Le matérialisme soutient que la moralité change en même temps que le régime social. Il existe une morale servile (dans le régime esclavagiste), une morale féodale, une morale bourgeoise, une morale communiste. La classe dominante est celle qui impose « sa » morale et la fait mettre en pratique, en conformité avec ses propres intérêts.

NÉCESSITÉ ET HASARD / Le matérialisme dialectique entend par nécessité la sujétion objective aux lois de la nature. Il soutient en même temps l'objectivité de la nécessité et son caractère régulier. Il ne nie pas non plus le hasard qui existe objectivement, mais ne résulte pas, comme la nécessité, du développement régulier des phénomènes, bien qu'il en tire ses causes. Ainsi les plantes naissent nécessairement de la semence, si celle-ci se trouve dans des conditions favorables. Mais il est possible que la plante ne vienne pas à maturité à cause de la grêle ou de tout autre accident dû au hasard. Le hasard est ce qui peut être ou ne pas être. Le hasard et la nécessité sont en relation réciproque. Le hasard est simplement un complément et une forme de manifestation de la nécessité. « Le hasard représente une forme sous laquelle se cache la nécessité. » (Engels).

NÉGATION DE LA NÉGATION / La loi de la négation de la négation est une des lois fondamentales de la dialectique.

Chaque phénomène, étant intérieurement contradictoire, contient en soi sa propre négation. En lui se déroule le combat entre ce qui était et ce qui naît, entre le neuf et le vieux. La négation du passé n'est pas, cependant, une pure et vaine négation, une simple annulation de tout ce qui a eu lieu comme le pensent les métaphysiciens. « Nier, pour la dialectique, ne signifie pas dire simplement non, ou dire qu'une chose n'existe pas, ou la détruire de quelque manière. » (Engels). La dialectique exige que « l'on démontre la relation du négatif avec le positif ; ainsi on rencontre ce positif dans le négatif » (Lénine). Le communisme, par exemple, retient que tout le positif a été créé par l'humanité, même celui qui a été obtenu sous le joug du capitalisme : le positif du négatif. La société communiste, à son tour, est la négation du régime exploiteur des classes, c'est-à-dire, la négation de la négation.

OBJECTIF / C'est l'opposé du subjectif ; ce qui existe en dehors de la conscience humaine, qui en est indépendant ; c'est aussi le véritable reflet du monde objectif dans la pensée humaine.

PANTHÉISME / (du grec « pan » : tout et « théos » : Dieu) Doctrine philosophique d'après laquelle la divinité, en tant que principe spirituel et impersonnel, se trouve répandue dans toute la nature, si bien que tout serait divinité.

PLATON (427-328 av. J.-C.) / Philosophe grec, idéologue de l'aristocratie esclavagiste. Il fonda l'idéalisme objectif, d'après lequel il existe, en même temps que l'univers des choses perceptibles, un monde particulier (le monde des idées). Par exemple, au-delà des arbres que l'on voit dans la réalité et qui sont de diverses essences existe, affirme Platon, l'idée unique que nous avons de l'arbre, qui est toujours identique et il en va de même pour tout le reste de la nature. D'après Platon, les choses sont seulement l'ombre des idées. Les idées sont éternelles, les choses transitoires. Ce n'est pas le sentiment, mais la raison, les concepts, qui nous donnent la véritable connaissance de l'essence des choses de ce monde.

PHILOSOPHIE / (du grec « philos » : ami et « sophia » : sagesse) Dans le matérialisme dialectique, science des lois les plus générales de la nature, de la société humaine, de la pensée. Le problème fondamental de la philosophie est celui du rapport entre l'existence et la pensée. Pour trouver sa solution, toutes les tendances philosophiques se divisent en deux camps : matérialiste et idéaliste.

PHILOSOPHIE CLASSIQUE ALLEMANDE / C'est celle du XVIIIe siècle et de la première moitié du XIXe. Le fondateur de cette philosophie est Kant, continué par Fichte et Schelling. Le système de Hegel représente la phase culminante de ce mouvement philosophique. La philosophie classique allemande reflète les influences des mouvements révolutionnaires d'Europe. Mais cette influence est infléchie par les conditions économico-sociales retardataires de l'époque. Cette philosophie apporta sans aucun doute quelque chose de fondamental : le renouvellement de la dialectique comme théorie du développement. Reprise plus tard par Marx, elle servit de base au matérialisme dialectique. Engels a donné une brillante analyse de cette philosophie dans son livre : « Ludwig Feuerbach et la finalité de la philosophie allemande. »

POSITIVISME / Un des plus répandus parmi les courants idéalistes de la philosophie bourgeoise moderne. Le positivisme se base, disent ses fondateurs, non sur des déductions abstraites, mais sur des faits positifs et réels. Auguste Comte, son créateur, soutient que l'esprit humain doit renoncer à connaître la substance même des choses et se contenter de la vérité issue de l'observation et de l'expérience. On pourrait voir là un agnosticisme « au jour le jour »...

PROPRIÉTÉ / La propriété privée est apparue bien après les débuts de l'humanité. Sous le régime communautaire primitif, la propriété des moyens de production était commune. Sous le régime esclavagiste, le « patron » était propriétaire de ces moyens de production, ainsi naquit la « propriété privée ». Dans le socialisme, les moyens de production appartiennent à la communauté non à un individu déterminé, ils sont propriété socialiste.

RAPPORTS DE PRODUCTION / Relations réciproques qui s'établissent entre les hommes dans le processus de production des biens matériels. Les hommes peuvent produire ces biens non seulement individuellement, mais ensemble, en s'unissant et en pratiquant des activités communes. L'histoire a déterminé cinq types de rapports de production : 1) Dans le régime communautaire primitif, la propriété des instruments de production et des produits était commune. Avec le passage des outils de pierre aux outils de métal, les tribus s'initièrent à l'agriculture, au commerce et commencèrent à accumuler les produits. Cela amena la naissance de la propriété privée et l'accaparement des richesses par une minorité. Apparurent également les classes : patrons et esclaves. 2) A l'époque de l'esclavage, le travail libre fut remplacé par celui des esclaves exploités. 3) Dans la société féodale, le seigneur possédait les moyens de production et un domaine divisé par moitié avec les « serfs » qui travaillaient pour lui gratis, ou tout au moins contre rétribution en nature. A la même époque, apparaissaient les artisans libres, propriétaires des outils de production et des produits. 4) A l'avènement de la société bourgeoise ou pré-capitaliste, la classe capitaliste détient les moyens de production dont elle prive les ouvriers salariés qu'elle exploite. 5) Le régime socialiste revient à la propriété commune des moyens de production et du produit du travail de l'ouvrier, après élimination de l'exploitation de la classe dominante.

RATIONALISME / Théorie qui tend à reconnaître la raison comme unique source de la connaissance véritable, en opposition avec l'empirisme qui place dans les sentiments cette source de connaissance de la vérité. Les représentants les plus marquants du rationalisme furent Descartes et Leibnitz.

RELIGION / Ensemble de croyances et de cultes qui subordonnent la vie de l'homme à un ordre supérieur, divin. Elle apparaît dans l'histoire comme une forme d'oppression du peuple par la classe dominante. Le marxiste voit dans la religion l'exploitation de l'ignorance et de la crédulité humaines.

RÉVISIONNISME / Courant hostile au marxiste qui se veut un « correctif » aux fondements philosophiques du matérialisme dialectique. Aujourd'hui, par exemple, la Chine et l'U.R.S.S. s'accusent mutuellement de « révisionnisme » dans leur façon de mettre le socialisme en application.

SCOLASTIQUE / (du latin « schola » : école) On désigne sous cette dénomination les multiples écoles et tendances de la philosophie du Moyen Age, qui, entièrement attachée au dogme religieux, « servante de la théologie », oubliait la nature. Cette attitude a fait donner le nom de scolastique à tout raisonnement étranger à la réalité, à toute philosophie gratuite, à certains discours politiques, etc. Ses principaux tenants furent saint Thomas d'Aquin, Anselme de Canterbury, Dunn Scott, William Occam...

SOCIALISME / Doctrine économique, sociale ou politique qui combat pour l'égale distribution des richesses, par la disparition de la classe exploitante et de la propriété privée. On parvient à cette distribution des richesses par la propriété sociale des moyens de production.

SOCIALISME UTOPIQUE / Socialisme non scientifique, basé sur des théories imaginaires et optimistes. Fut soutenu par les socialistes anglais et français du XIXᵉ siècle.

SOCIOLOGIE / Science de la société, fondée par Auguste Comte et Spencer, qui ne tinrent pas compte de la lutte de classes. Marx réussit à élever la sociologie au rang de science en montrant que le développement de la société n'est pas uniquement déterminé par les idées, mais par les rapports de production. Il démontra ainsi que le cours des idées dépend du cours des choses. Marx précisa, en outre, que le problème de la recherche scientifique de la société consiste dans l'explication des lois particulières, historiques, qui règlent la naissance, l'existence, le développement et la mort d'un organisme social donné et sa mutation en un autre organisme supérieur.

SOPHISME / SOPHISTIQUE / Raisonnement erroné présenté de façon à paraître juste et à induire en erreur. La sophistique est donc l'application dans une discussion de conclusions erronées. La méthode caractéristique de la sophistique est : « Partir de la ressemblance extérieure des faits, en dehors de leur relation avec les événements. » (Lénine). En s'attachant à la ressemblance extérieure des faits, le sophiste cherche à appliquer les propriétés et les lois d'une catégorie de phénomènes à d'autres, complètement distincts.

SPINOZA Baruch (1632-1677) / Philosophe hollandais, matérialiste. Il niait Dieu, en tant que créateur de la nature, considérant que Dieu était la nature elle-même. En appelant Dieu, la nature elle-même, Spinoza expliquait ainsi que la nature est sa propre cause. Il fut le continuateur du rationalisme de Descartes, bien que son système fut moniste (système dans lequel la pensée se détache de la nature).

STRUCTURE ÉCONOMIQUE / Ordonnancement de la société en classes. Ensemble des rapports de production, correspondant à un degré déterminé de développement des forces productives matérielles.

TEMPS ET ESPACE / Représentent la forme objective de l'existence de la matière. Le temps et l'espace sont inséparables de la matière, la matière est inséparable d'eux. Le matérialisme dialectique enseigne qu'il n'y a rien dans le monde en dehors de la matière en mouvement et qu'elle ne peut se mouvoir que dans l'espace et dans le temps. S'opposant au matérialisme, l'idéalisme considère le temps et l'espace comme des produits de la pensée humaine et les sépar de la matière.

THÉOLOGIE / Pseudo-science qui cherch à donner des fondements à la religion a moyen d'argumentations philosophiques

THÈSE, ANTITHÈSE ET SYNTHÈSE (du grec : affirmation, négation, e union) Tout processus de développemen passe, selon Hegel, par trois étapes thèse, antithèse et synthèse. Chaqu étape réfute la précédente et la dernièr réunit en soi les traits dominants de deux premières, raison pour laquelle o la nomme synthèse ; c'est la parti « superficielle » de la dialectique.

UNITÉ ET LUTTE DES CONTRAIRES S'opposant ainsi à la métaphysique, la dialectique pose en principe que les con tradictions internes sont le propre de objets et des phénomènes de la nature où tout est mouvement et changement Chaque chose représente en soi une unit de contraires. Tout a un passé et u futur, un développement et une mort, u positif et un négatif. C'est pour cette rai son que le passage d'un état inférieur à un état supérieur se réalise par la lutte entre tendances contraires. Dans le mode capitaliste de production, le prolétariat e la bourgeoisie sont à la fois en relation et en lutte. Voilà un exemple de l'unité et de la lutte des contraires.

DANS LA MÊME COLLECTION

Darwin

POUR DÉBUTANTS

Darwin

POUR DÉBUTANTS

Jonathan Miller place Darwin à mi-chemin d'une transformation radicale de la recherche biologique. Grâce à lui, le lecteur suit pas à pas les travaux de ses prédécesseurs jusqu'aux modifications que l'œuvre de Darwin elle-même nécessita. Il découvrira les travaux d'Auguste Weismann sur les cellules reproductrices, ceux de Gregor Mendel sur les petits pois, ceux d'Alfred Wallace, qui pressentit l'idée de sélection naturelle ; il connaîtra les arguments en faveur de la mutation et ceux contre la variation ; il comprendra les structures des phénotypes et des génotypes, l'importance de la découverte des chromosomes, et pourra se faire une idée de ce qu'est la génétique moderne.

Claire, drôle, très instructif et superbement illustré par Borin Van Loon, *Darwin pour débutants* peut être considéré comme une introduction à une recherche scientifique majeure.

Texte de Jonathan Miller. Dessins de Borin Van Loon.

Freud

POUR DÉBUTANTS

par A&Z

Freud

POUR DÉBUTANTS

Freud encore et toujours : de zéro à 77 ans.

Vienne à la fin du XIXe siècle. Les aventures de Freud : ses premiers traitements, la cocaïne, l'hypnose.

Comment soigner sans soigner...

Comment l'inconscient, la sexualité se baladent vraiment partout, des statues du jardin public aux plus vieux mythes !

L'univers de Freud — les personnages de Freud qui ont jalonné ses découvertes : le petit Hans, la jeune Anna O, l'homme aux loups, sa propre famille.

Freud complexe et simple : 176 pages de vignettes en noir et blanc, des informations, des formules à retenir.

Freud a trituré les mythes en tous sens et il est devenu un mythe ! Il fallait de l'ingéniosité et les possibilités multiples d'expression de la B.D. pour faire que ce papa-Freud soit simple sans être schématique, distancié sans être renvoyé aux orties.

Texte de Richard Appignanesi. Dessins de Oscar Zarate

A & Z

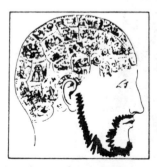 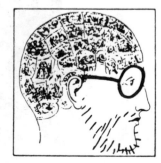

Einstein

POUR DÉBUTANTS

par Joseph Schwartz &   Michael McGuinness

Einstein

POUR DÉBUTANTS

Einstein, le principe de la relativité restreinte... et de la relativité généralisée : pas si simple, tout cela.
Trois récits entremêlés dans ce *Einstein pour les débutants* :

1. Les difficultés de la vie du père Albert : il s'ennuierait plutôt sur les bancs de l'école ; il commence par échouer lamentablement au Polytechnicum de Zurich...
2. Le principe de la relativité : vitesse, lumière, position de l'observateur, espace et temps, temps et espace : une guerre des étoiles parfaitement limpide, et sans entorse scientifique !
3. Le grand récit de la science physique. Einstein n'est pas passé tout soudain de Galilée et de la mécanique newtonienne à la vitesse de la lumière. L'histoire de la physique — Faraday, Maxwell, Hertz —, la découverte et les applications enthousiastes, ou fortement intéressées, de l'électricité, l'histoire du magnétisme. Les mathématiques abstraites, les images les plus folles, les machines les plus étranges s'y mêlent aux concepts scientifiques.
Texte de Joe Schwartz. Dessins de Michael McGuinness

Trotsky
POUR DÉBUTANTS

Tariq Ali   & Phil Evans

Trotsky

POUR DÉBUTANTS

Trotsky, le successeur évident de Lénine. Trotsky, l'alternative à Staline, le révolutionnaire aux talents exceptionnels : grand orateur et grand écrivain, homme politique, organisateur de l'Armée rouge, tacticien militaire.

Qu'est-ce qui est allé de travers ? Pourquoi Trotsky n'a-t-il pu bloquer la montée de Staline au pouvoir ?

Tariq Ali et Phil Evans jettent un regard irrévérencieux sur l'énigme Trotsky. Ils observent avec sympathie et humour Trotsky le franc-tireur, ni menchevik, ni bolchevik. Ils retracent la carrière de Trotsky : de la prison aux sommets du pouvoir révolutionnaire, puis sa chute tragique et sa mort. En passant, cette bande dessinée drôle, informative et documentée aborde quelques-uns des événements fondamentaux de notre époque : les soulèvements révolutionnaires en Russie, la lutte pour construire le socialisme et s'opposer à Staline, la montée du nazisme, la guerre civile espagnole et bien d'autres encore.

Texte de Tariq Ali. Dessins de Phil Evans.

Lénine

POUR DÉBUTANTS

par
A&Z

Lénine

POUR DÉBUTANTS

La révolution de 17 a aussi ses personnages : les narodniks et les bolcheviks, le grand-papa du marxisme russe Plékhanov, Trotsky, Kerensky, etc., devenus des héros d'un jour, d'une année ou d'un siècle. Pourtant, ils ont une histoire ; leurs idées, leurs choix tactiques se dégagent de tout un passé.

Lénine pour les débutants, c'est l'histoire de Lénine : la mort de son frère, la rencontre de Kroupskaïa, ses études ;
c'est l'histoire de ses idées et de ses livres. Ces fameux textes toujours écrits sur un coin de table entre un meeting, trois voyages et cinq discours…

Texte de Richard Appignanesi.
Dessins d'Oscar Zarate.

PRÉPARER LES LUTTES FUTURES

L'énergie nucléaire
POUR DÉBUTANTS

L'énergie nucléaire

POUR DÉBUTANTS

Non ! Si vous espérez que ce livre vous apprendra comment construire un réacteur nucléaire dans votre appartement ou faire exploser une bombe atomique dans votre jardin, vous serez déçus. De toute façon, aujourd'hui, vous pouvez trouver ces renseignements-là n'importe où.

Par contre, si vous voulez savoir ce que c'est *vraiment* que le nucléaire, depuis la découverte de la fission atomique jusqu'aux derniers projets à peine connus du public ; si vous voulez savoir ce qui est *vraiment* en jeu à Malville, Markolsheim, Three Mile Island ou Plogoff, ce que signifie la construction d'une centrale ou d'une usine de retraitement ; si vous voulez comprendre concrètement ce qui différencie l'énergie nucléaire des autres énergies et en savoir plus sur celles-ci ; si vous voulez estimer le coût réel — et pas seulement financier — du nucléaire... Alors oui ! Au moins, après avoir lu ce livre, non seulement vous aurez beaucoup ri, mais vous saurez de quoi vous parlez.

Texte de Stephen Croall.
Dessins de Kaianders Sempler.

Le Capital de Marx

POUR DÉBUTANTS

David Smith & Philip Evans

Le Capital de Marx

POUR DÉBUTANTS

Quoi ? Lire *vraiment Le Capital* ? Mais pour ça, il faudrait avoir le cerveau d'Einstein et la patience de Pénélope ! *Le Capital,* c'est bien connu, c'est obscur, abstrait et indigeste…

Et si c'était faux ? David Smith et Phil Evans font justice du mythe de la « difficulté » du *Capital.* Leur *Capital « pour débutants »* en dégage les concepts clefs et en met en relief l'humour et l'extraordinaire vitalité.

C'est que Marx n'a pas écrit *Le Capital* pour décorer la bibliothèque des économistes et des philosophes. *Le Capital,* pour lui, c'est de l'économie à l'usage de la classe ouvrière. Le sujet, c'est le travail, les salaires, le chômage ; les usines, les machines et leurs produits ; la monnaie, les prix, la valeur ; l'exploitation, l'antagonisme entre capitalistes et ouvriers et la lutte de la classe ouvrière pour la liberté et le pouvoir.

Texte de David Smith.
Dessins de Phil Evans.

ACHEVÉ D'IMPRIMER PAR L'IMPRIMERIE CH. CORLET
14110 CONDÉ-SUR-NOIREAU
N° d'Imprimeur : 1017 — Dépôt légal : novembre 1982
Premier tirage : 2 000 exemplaires.
ISBN 2-89052-059-5